SALON DE 1890

PALAIS DE L'INDUSTRIE

GUIDE-CATALOGUE

Complet

Par ordre numérique

PEINTURE ET SCULPTURE

Prix : 50 centimes

PARIS

VENTE EN GROS : 20, rue du Croissant

IMPRIMERIE TYPOGRAPHIQUE BOURDARIE

27, FAUBOURG MONTMARTRE

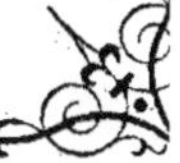

SALON DE 1890

GUIDE-CATALOGUE

Complet, par ordre numérique

PEINTURE

1 Abary, Mlle M.-M. — Une orpheline ; étude.
2 Abbema, Mlle L. — Japon.
3 Abraham, Mlle B. — Portrait de Mlle P. N...
4 — Portrait de Mlle Louise D...
5 Abraham, T. — L'étang de l'Héronnière.
6 — Une mare à Saint-Rémy-sur-Loire.
7 Abram, P. — Fontaine de St-Pierre-le-Pauvre; baie de Douar-
8 — Vieux marin breton. (nenez (Finistère).
9 Acelly, A. — Fleurs.
10 Achille-Fould, G. — Morte-Saison.
11 Adam, G. — Le chêne du chemin creux.
12 Adan, L.-E. H.C. — Brûleuses d'herbes.
13 Adelsward, G. d'. — L'anse de Dinard.
14 Adler, J. — Portrait de M. B...
15 Agosta, C.-J. — Jeune fille à l'étude.
16 Aguero, P. de. — Nature morte.
17 Alberts, J. — Entre pavots.
18 Albert-Wallet. — Un chantier à Montmartre.
19 Alexander, C. — Les gamins s'amusent.
20 Alexeff, A. — La fête des fleurs.
21 — Portrait.
22 Alleaume, L. — Vapeurs du soir.
23 Allegre, R. — Marseille; Le vieux port.
24 Allonge, A. — Cerf aux écoutes; forêt de Fontainebleau.
25 Allouard, E. — Fleurs d'hiver.
26 Alma Tadema, L. H.C.— Portrait de M. Jules de Soria.
27 Amans, Mlle L. — Portrait.
28 Amen, Mme J. — Fleurs d'automne.
29 Amoretti, G. — Portrait.
30 Amsdem, W. — Toilette pour le Pardon.
31 Anderson, A.-A. — Le matin après le bal.
38 — M. Edison écoutant son 1er phonographe perfect.
32 Anderson, D.-G. — Une rue en Normandie.
34 Andre, C.-H. — Calenche de Piana.
35 — Environs de Vico.
36 André, Mlle E. — La lecture.
37 Annaly, Mme. — Froide journée.
38 Apoil, Ch. — L'été.
39 Appian, A. — Le soir; étang de Chavolet (Ain).
40 Archainbaud, P.-G. — Portrait de mon jeune frère.
41 Argence, E. d'. — Mélancolie; bord de rivière.

42 Armand-Dumaresq, C.-E. H.C. — En campagne.
43 Arter, J.-C. — Lettre d'amour.
44 — Chaudronnier.
45 Arus, R. —Buzenval (siège de Paris); fragm. du conc. de l H.-de-V.
46 — « 1796 » ; campagne d'Italie.
47 Assezat de Bouteyre, C.-L.-E. — Etude.
48 Asti, A. — Etude.
49 Atkinson, W.-E. — Ferme de Lesdomini (Finistère) ; l'hiver.
50 Attendu, F. — Coin de crèmerie.
51 — Nature morte.
52 Aub, Mme M. - - Vieille paysanne.
53 Aubelle, R. — Bords du Thouet.
54 Aubert-Jean, E. H.C. — Portrait de M. Pierre Baragnon.
55 Aubert, J. H.C. — Les derniers moments de saint Claude.
56 Audfray, E.-J. — Portrait de M. d'H..., capitaine d'état-major.
57 Auguin, L.-A. H.C. — Un ruisseau dans les bois.
58 Aulagnier, M.-A.-O. — La passerelle du vieux moulin, à San-
59 Auran, B. — Au coin du feu. (teuil.
60 Aviat, J.-C. — Portrait de M. le docteur L. Landouzy.
61 — Révélation.
62 Axenfeld, H. — Portrait.
63 Axilette, A. — L'Amour et la Folie.
64 Azambre, E. — Musique de chambre.
65 Baader, L. H.C. — La fin d'un célibataire.
66 Bach, A.-E. — Avant les fontaines lumineuses.
67 — Portrait de M. A. S...
68Bahimont, E.-A. — Nature morte.
69 Bacon, H. — Un bandit corse.
70 Bagues, E.-J.-A. — Caïn et Abel.
71 Bahieu, J.-C. — La jetée de Dieppe.
72 — Le quai de la Poissonnerie, à Dieppe.
73 Bail, F. — Un coin de cellier.
74 — Un petit déjeuner ; nature morte.
75 Bail, J.-A. — Une cour de ferme à Champagne (Seine-et-Oise).
76 — Route de Bourgogne ; forêt de Fontainebleau.
77 Bail, J., H. C. — La corvée des cuivres.
78 — Brochet et cuivre.
79 Baillet, E. — Pêcheur à l'épervier en Seine ; mat. de septemb.
80 — Les premiers feux sur la Seine ; Paris, vu du pont des
81 Baird, W. — Etude d'hiver. (Saints-Pères.
82 Baixeras Verdaguer, D. — Pêcheur de coquillages.
83 Bal, J.-B.-E. — Portrait de Mme Louise Fleuret.
84 Balanesco, J. — Portrait.
85 Balay, C. — Une rue à El-Kantara (Algérie).
86 Ballavoine, J.-F. — Les indiscrets.
87 — Sur la terrasse ; panneau décoratif.
88 Balleyguier-Duchatelet, Mme M. — Portrait d'enfant.
90 Ballue, P. — La gelée blanche ; bords de la Creuse, à Fresselines.
91 — Matinée d'octobre, à Morte-Fontaine.
92 Balmier, A. — Rue à Villeneuve-lez-Avignon.
93 Balouzet, A. — Le Mont-Rose ; effet du matin.
94 — La mare de Neyron (Ain).
95 Balze, R. H.C. — Préparatifs d'une fête dans les Catac. de Rome, (en l'honneur de sainte Cécile, après la découverte en 1822, de son tombeau, qui avait échappé aux ravages des Lombards.
96 Raraban, Mlle B. — Crysanthèmss.

97 Baraize, E. — Portrait de Mlle G. G...
98 Barberiis, E. de.— En faction ; décembre.
99 Barbier, Mme M. — Nature morte.
100 Barck, N.-Y.-J. Les bords de la Seine à Villennes.
101 — Dans les îles du Morbihan.
102 Barillot, L,, H. C.— L'été en Nomandie.
103 — L'automne en Lorraine.
104 Barlow, J. N. — Le matin après la pluie ; île d'Arran (Ecosse).
105 Barnoin, A.— Le père François.
106 Barre, L.-E.-A.— Portrait deM. Joffrin.
107 Barrias, F.-J. H.C. — Portrait de Mme W. S...
108 Barriot, C.— Aux champs.
109 Barthalot, M.— Portrait de Mme B...
110 Bartett, W.-H. H. C.— « Qui vient? »
111 Bassot,— Un aquarelliste.
112 Bassot, Mme L.— Rhododendrons.
113 Bastard, L.— Temps brumeux; effet de printemps.
114 Bastet, T.— Cimetière de la Tour-sans-Venin (Isère).
115 Bastien, Mlle M.-J.-C.— Portrait de Mlle M. C...
116 Baudin, J.-P.— Un coin de colline en Provence.
117 — Paysage d'automne.
118 Baudit, A., H. C.— Une lande dans le Médoc.
119 Baudit, L.— Sur les bords de la Gar., à la Baranquine (Gironde).
120 Baudoin, E. — Le pic Saint-Loup (environs de Montpellier ; (vue prise de la hauteur de Mautaubero)u.
121 Baudoin, F. J.— Portrait de Mme P. N.
122 Baudrier, G. L.— Gibier.
123 Bauer, F.— Le Parlement vient sommer Edouard III de chasser. (Alice Perrers : 1376.
124 Baumann, A.-V.— Halte de chasse.
125 Beau, A.— Portrait de M. F.-M. Luzel,
126 Beaufond, Mme I. de.— Portrait de « ma fille. »
127 Beaumetz-Petiet, Mme M.— Jeune fille au travail.
128 Beaumont, A. de.— Le matin dans la lande.
129 Beaumont, G. de.— Portrait de Bébé.
130 — Dans les champs.
131 Beauquesne, W.-C. — Rendez-vous ! souv. de Villersexel (1870)
132 Beaury-Saurel, Mlle A., H. C.— Portr. de Mme Caroline Cahen.
133 — Portrait de Mme B. S...
134 Beauvais, A.— Retour des prés ; soir de novembre (Berry).
135 — Une mare à Carolles.
136 Beauverie, C.-J. H. C.— Pêche de l'étang du Palais, près Feurs (Loiret.
137 — Le Gourre du Krouel.
138 Beckwith, J.-C.— Portrait de M. Isaacson.
139 Behm, W.— Jour de novembre à Grez.
140 — Paysage suédois.
141 Belhomme, A.-A.— Le pot au feu.
142 Bellanger, A.— Un intérieur à Piriac (Loire-Inférieure).
143 Bellanger, C.-F. H. C.— Seule !
144 — Une marchande.
145 Bellanger, F.-P.— Un spadassin ; étude.
146 Bellée, L. de. — Lever de lune ; forêt de l'Aigue (Oise).
147 — Le pont de Castel ; Somme.
148 Bellel, J.-J. h.c. Route de Médéah à Boghar (Algérie).
149 — Dans le ravin de Gravenoire, près Chateldon (P.-de-D.)
150 Belleroche, G. En visite.
151 Bellet, A.-E. Une lecture.

152 Bellet, P. — Au Sérail.
153 Bellynck, H.-E. — Obsession.
154 Benard, H. — Après la séance.
155 Bendheim, D. — Portrait.
156 — Etude de femme.
157 Bengy, P. de. — Portrait de M. le baron de V.
158 Benjamin-Constant, J.-J. h. c. — Beethoven; « la sonate au (clair de lune. »
159 — « Victrix. »
160 Benner, E. H.C. — Soir d'été.
161 — Dans la Grotte Verte.
162 Benner, H. H.C. — Portrait de Mme B.
163 — Chrysanthèmes.
164 Benoist, P. — Une place de village en Beauce; Guignonville (Loiret).
165 Benoist, T.-M. — Nature morte.
166 Benoit, L. — Les groseilles.
167 — Prunes.
168 Benouville, J.-A. H. C.— Les bords de l'Oise à Stors.
169 Berg, M. Tête d'étude.
170 Bergeret, P.-D. H.C. — La musique.
171 — Prunes de Monsieur; étude.
172 Bergeron, M.-J.-E. — La pointe du Trestrignel (C.-du-N.)
173 Bergeron, H. — Le vieux chemin du Loc'h, à Fouesnant (Finist.
174 Bernard, J. — Portrait de Mlle B.
175 — Portrait de M. B.
176 Berne-Bellecour, F. — Marchande de poulets.
177 Berne-Bellecourt, E. H.C. — Portrait de M. A. de L., duc d'E.
178 Bernier, C. H.C. — Huttes de sabotier.
179 Beroud, L. H.C. — Le dôme central à l'Exposition universelle.
180 — La machine Farcot; galerie des machines.
181 Beroud, L.-A., — Bords de l'Aisne.
182 Bertault, P. — Intérieur.
183 Berteaux, H. H.C. — La fin de la journée.
184 Berthault, Mlle J. — Portrait de Madeleine.
185 Berthault, L. — Portrait de M. A. H. (effet de soleil couchant.
186 Berthelemy, P.-E.— La pêche à la drague sur la rade de Barfleur
187 — Soir d'automne; plage de Bernières-sur-Mer (Calvados)
188 Berthelemy, V.-E. — Glaneuses. (à marée basse.
189 Berthelon, E. — Vue prise à Pougues-les-Eaux (Nièvre).
190 — Calme plat; marine.
191 Berthier, L. — Passe-temps.
192 Berthier, P. — Un ruisseau à Oisème (Eure-et-Loire)
193 — La ronde du soir.
194 Berthon, A. — Portrait de M. le docteur P. F...
195 Berthoud, Mlle B. — Portrait de l'auteur.
196 Bertier, C. — L'automne en Dauphiné; chemin de l'Ermitage.
197 Bertin, A. — « C'est le croup. » (de Fontainebleau.
198 Berton, P.-E. Marécage sur le plateau de Belle-Croix; forêt
199 — Une mare à Chartrettes; commencement d'automne.
200 Bertrand P. — Le Pardon; environs d'Hyères (Var).
201 — Carqueirane; environs d'Hyères (Var).
202 Besnus, M.-A. — Les bruyères du Long-Rocher; forêt de Fon-
203 Besson, Mlle M. — Une future étoile. (tainebleau.
204 — Portrait de M. Q.
205 Bettannier, A. — Portrait de Mme la baronne d'...
206 Bettannier, A.— L'espion.
207 Bettinger, G.— Spahis demandant leur chemin.

208 Beyle, P.-M. H. C.— « La lutte pour la vie. »
209 — Le cantique.
210 Beysson, L.— Effet de pluie sur une voie ferrée.
211 Bical, A.— Les roches de Granville.
212 Bidau, E.— « Pour la fête à Bébé. »
213 — Le matin; panneau décoratif.
214 Bidauld, H.— Gardeuse de moutons.
215 Bieler, E.— « Mois de Marie. »
216 Bigaux, L.-F.).— La géographie.
217 Bigot, Mme G. de.— Tête de femme; étude.
218 Bilhaut, E.-C. – Indécise.
219 Bilinska, Mlle A. H. C.— Portrait de M. Geo. B.
220 Bill, L.— Vue de Bages (Aude).
221 Billet, Mlle A.— Un coup de collier.
222 Billet P. H. C.— L'hiver.
223 — Une bergère.
224 Bin, J.-B.-E. H. C.— Portrait de M. Gustave Hubbard, député.
225 — Portrait de Mme Lattès.
226 Birck, A.— Portrait de M. R.
227 Bisbing, H.— Derrière la digue, le matin; Hollande,
228 — Repos.
229 Bisson, A-E.-B.— Didi.
230 Bisson, E.— Après l'opération.
231 — La Cigale.
232 Bitte C.— Portrait de M. H... dans son atelier.
233 — Portrait de Mlle B...
234 Biva, H.— Pavots.
235 Biva, P.— Pivoines.
236 — Dans la vallée à Brunoy (Seine-et-Oise).
237 Biarne, H.— Environs de Stockholm.
238 Blair Bruce, W. — Jour d'été.
239 Blanchard, P.— Portrait de Mlle B...
240 — « L'Affaire Clémenceau. »
241 Blanchon, H.-E. — Brûloir de la charcuterie aux abattoirs de (la Villette, à Paris.
242 — Portrait d'Albert Bance.
243 Blashfield, E.-H.— Le repos.
244 Blayn, F.— Repas du soir; Villerville.
245 Bliggenstorfer, T.— Portrait de M. A. Velasco.
246 Bligny, A.— Un décadi en floréal.
247 Bloch, A. H. C.— Moustache.
248 Blommers, B.-J.— Le départ.
249 Blum, M.— L'interrogatoire.
250 — Les Joueurs.
251 Blume, E.— Charité.
252 — « Dachamrin ».
253 Bocquet, — Le vendredi saint.
254 Bodenmuler, F. — Somerlust.
255 Boetzel, E.— Portrait de M. A. H.
256 Boggio, E.— Portrait Mme Henri Daguerre; fin de journ. d'octob.
257 Boggs, F.-M. H. C.— Les toits ; étude.
258 Boam, M.– Portrait de Mme W.
259 Boislecomte E. de.— La collation.
260 Bolling, Mlle S.— Rêverie.
261 Bompard, M.— Les bouchers de Chelma ; oasis près de Biskra.
262 — Entrée du vieux Chelma ; oasis près de Biskra.
263 Bon, Mme M.— Portrait de Pierre Loti.

264 Bondoux, J.-G.— Feu de veuve.
265 — Intérieur.
266 Bonnat, L., h. c. — Portrait de Mme la vicomtesse de C...
267 — Portrait de M. Carnot, Président de la République
268 Bonnefoy, A.-A. — Solitude.
269 — Une Bretonne.
270 Bonnefoy, H. h. c. — « Ruminant ».
271 — Soir de septembre ; pleine lune.
272 Bonnin de Fraysseix, A. — Fontenay-le-Comte ; vue prise d'une
(tour du vieux château.
273 Bonvalet-Barillot (Mme L.). — Chrysanthèmes.
274 — Pensées.
275 Boquet, J.-C.— La prière.
276 Borchard, Ed. — Deux amis ; étude.
277 Bordes, E. h. c. — Expiation; temps mérovingiens.
278 — Portrait de M. A. T...
279 Borel, Mlle H.-M.-E. — Un coin de laboratoire.
280 Borel, J.-H. — Falaise ; Granville.
281 Borione, B.-L. — Le compositeur.
289 — Chanson.
283 Borrel, M.-F. — Le lever.
284 Bosch-Reitz, S.— L'enfant malade.
285 Bobtomley, R. — La veuve.
286 Bouchard, P.-L. — Le bain au harem.
287 Bouche, L.-A. — Un coteau à Luzancy.
288 — La Marne à Meaux.
289 Boucher, A.-J. — La Grande-Mare ; forêt de Fontaineblcau.
290 — La Butte-Maldan.
291 Bouchor, J.-F. — Faneuses ; Freneuse.
292 Boudier, R. — Portrait.
293 — Portrait.
294 Boudot, L. h. c. — Vergers à Hièvre (Doubs) ; fin d'octobre.
295 Boué, A.-P.-E. — Portrait de Mme de L. F...
296 Bouffar, A. — A l'ombre.
297 Bouffay, Mlle C. — Sur la pelouse ; fleurs d'été.
298 Bougourd, Mlle C.-A. — Première neige.
299 Bouguereau, W.-A. h. c. — Les saintes femmes au tombeau.
300 — Petites mendiantes.
301 Bouille, E. — Chapelle Saint-Léonard ; environs de Guingamp.
302 Bouillier, Mlle A. — Vache à l'herbage. (daille d'Enfant de M.
303 Bouis, H. — Restitution au couvent, le jour du mariage, de la mé-
304 Boulanger, L. — Matinée de novembre, à Chavolet (Ain).
305 Boulard, E.-A. — Retour de la pêche.
306 — Jeune femme cousant.
307 Boulicaut, P.-L — Portrait de M. Boysset, député.
308 — Portrait de mon père.
309 Bourbon, Mme la Psse M.-J. de. — Œillets.
310 Bourde, E. — Portrait de M. R...
311 Bourdin, P. — Portrait.
312 Bourgeois, E.-V. — La clarté ; Ploumanac'h (Côtes-du-Nord).
313 — Hutte de pêcheurs à Louanec (Côtes-du-Nord).
314 Bourgain, G. — A bord du « Suffren » ; le lavage du pont.
315 — Pièce de 27 ; réduit central du cuirassé « le Suffren ».
316 Bourgogne, G. — Nature morte.
317 Bourgogne, P. — Roses d'été.
318 — Fleurs et fruits d'automne.

319 Bourgonnier, C. — Les ciseleurs.
390 Boursin, E. — Maréchalerie Pelissier.
391 Boutigny, E. h. c. — Dernière faction!
322 — Surprise dans un village; Lorraine.
323 Bouyer, Mlle M. — Portrait de M. B...
324 Boyden, D.-F. — La fin d'un beau jour.
325 Boyé, A.— Hippodamie.
326 Boyer-Breton, Mlle M.— Portrait.
327 Bramtot, A.-H. H. C.— Le rêve de Marie.
328 — Portrait de Mme de A. B...
329 Brandt, P. Novembre.
330 Braquaval, L.— A l'aube.
331 Braque, C.— Nature morte.
332 Breauté, A.— Femme bronzant des plâtres.
333 — Un conte.
334 Bredberg, Mlle M.— Portrait de Mme M. de V.
335 Brely, A. de la.— Portrait de M. G. Nadaud.
336 Bremond, Mlle L.— Portrait de Mme B.
337 Brest, F.— Village de Bébec, sur le Bosphore.
338 Breton, E.-A. H. C.— Le soir d'un beau jour.
339 — Novembre.
340 Breton, J.-A. H. C.— Les dernières fleurs.
341 — La lavandière.
342 Breuille, Mme de M.— Chrysanthèmes.
343 Breville, J. de.— Cuirassiers; 4e régiment, 1812.
344 Brielman. J.-A. H, C. — Derniers rayons. Abreuvoir du château
345 — La mare, à Azay-le-Rideau. (de l'Ilette (Indre-et-L.)
346 Brillaud, F.— Femme plumant un poulet.
347 — Portrait de ma mère.
348 Brillouin, L.-G. H. C.— L'enrôlement.
349 — L'épée.
350 Brimont, G. de.— Les bords de la Seine. Normandie.
351 Brindeau, L.-E.— Portrait de M. le commandant Rebora.
352 Brinquant, R.-V.— Hallali sur pied.
353 — Sanglier blessé chassé par des loups.
354 Brion, L.— Nouvelles du frère.
355 Brispot, H. h.c.— La bouteille de champagne.
356 — Portrait de Franck Chauveau.
357 Brissard, G.— Au bord du canal.
358 Brisset, E.— Le repos après les manœuvres: 8e corps, 1889.
359 Brissot de Warville, F.-S. h.c.— Vieille charrue.
360 — Sur le coteau.
361 Brito, J. de.— Portrait de Mme J. C.
362 Brockman, C.-H.— En Picardie.
363 — Dans les bois.
364 Brocos, M.— Portrait de M.-F.
365 Brouardel, Mme L.— Portrait de Mlle S.
366 Brouillet, A. h.c.— Suzanne.
367 — Portrait de M. Hippolyte Garnier.
368 Broutelles, T. de.— Barque de pêche fuyant un grain.
369 — Calme.
370 Brown, H.-H.— Portrait de Mlle S.
371 Brown, Mlle M.-C.— Azalées.
372 Brown, C.-F.— Les sables de Drummadoon; Ecosse.
373 — A l'ouest de l'ile d'Arrau; Ecosse. (Normandie.
374 Brozick. V. h.c. — Causerie de paysannes devant une ferme;

375 Brun, A. — « Chez elle »,
376 Brun, C. — Langage de fleur; souvenir de Constantine.
377 Brun, C. — Portrait de Mlle M.-L.-G.
378 Brun, R. — Les ramasseurs de varechs; clair de lune.
379 Bruneau, C. — Jeune bretonne revenant de la messe.
380 Brunel, J.-B. — Le village de Cairanne; Vaucluse.
381 Brunet, J. h.c. — « La chanson de la mariée. »
382 — Une vierge.
383 Brunet, Mme S. — Soleils.
384 Brunet-Houard, P.-A. — En corvée de litière.
385 Buchet, Mme J. — Portrait de M. Yéou-Hsio-Kaë.
386 — Nature morte.
387 Bucknall, Mlle E.-L. — Blés au bord de la Manche.
388 Buffet, P. — Idées noires.
389 Bugarel, E.-R. — Souvenir de garnison; St-Nicolas-du-Port.
390 Buisson, J. — Matinée de printemps.
391 Bukovac, B. — Une jeune patricienne.
392 — Portrait de M. Gusman.
393 Buland, E. h. c. — Premier baiser.
394 — Portrait de M. Henri L.
395 Bunny, R.-C.-W. — Pastorale,
396 — Tritons.
397 Burgkan, Mlle B. — Portrait de Mlle B.
398 Burggraff, G.-L.-F. de. — Plaine des Hautiers, à Us-Marines
399 Burne-Jones, P. — Portrait de M. R. A. Watts. (S.-et-O.)
400 Bussière. G. — La gloire.
401 — Portrait de Mlle G.
402 Busson, C. h. c. — Prasay; Bar-sur-Vendômois.
403 Busson, G. h. c. — Les « abois ».
404 — Hallali! (moment d'une déclaration de guerre.
405 Butler, Lady E. — Caval. franç guettant une ville bretonne au
406 Buttet d'Entremont, Mme J. de. — Jeune femme.
407 Buttura, A.-E.-E. — Cagnes.
408 Buxe y Tresangels, L. — Etude d'hiver; vallée de Jerrey.
409 — Etude d'Hiver; Méditerranée.
410 Cabane, E.-L.-L. — Portrait de M. L. P.
411 — Portrait de M. A. S.
412 Cabié, L.-A. — Basse mer, à St-Georges (Char.-Inf.).
413 — Décembre à St-Georges.
414 Cabuzel, A.-H. — A la source.
415 Cabuzet, L. — La tour de Bridebec; Bretagne.
416 Caby, Mlle G. — Portrait de Mlle T.-C. J.
417 Cadel, E. — Mosquée Sidi-Abder-Rhamman, à Alger.
418 Cadix, A.-L. — Un soir d'automne; quai de Strasbourg, Besançon
419 Cagniart, E. h. c. — Brume de décembre sur la Seine, à Rouen.
420 Cahen, Mlle R. — Portrait de mon père.
421 Caille, L. — Près de l'âtre.
422 Caillot, R. — Le pansage.
423 Cain, G.-J.-A. — La nouvelle servante.
424 — Une noce sous le Directoire.
425 Cain, H. — Les chanteurs ambulants.
426 — Préparatifs de fête.
427 Caire, Mme M. — La famille aux champs.
428 Callac, Mlle B. — Fileuse bretonne.
429 Callender, F.-A. — En Picardie.
430 Callias, H. de. — Après le dîner; chez la baronne D.

431 Callias, H. de. — Le château de la Belle au bois dormant.
432 Calvé, J. — Au castel; mars.
433 — L'étang de Bonneau.
434 Calvèt, G. — Déferré; souvenir de manœuvres en Champagne.
435 — Les fagoteuses; Champagne.
436 Camme. J. — Portrait de M. A. Camme père.
437 Camuzet, Mme J. — Liseuse; étude.
438 Canet, C.-E. — Avant l'orage.
439 Canuet, Mlle L. — Portrait de M. C.
440 Capdevielle, L. — Portrait de Mme C.
441 Caraud, J. h. c. — Le printemps.
442 — Une cuisine.
443 Carlos-Lefebvre. — Autour d'une mare.
444 — Un chemin; étude.
445 Carl-Rosa, M. — La Meuse à Domrémy-la-Pucelle.
446 Carl, Mlle K. — Portrait de l'auteur.
447 Carme, F. — Bourriche de fleurs.
448 Carne, C.-D. de. — Défrichements en Flandre; printemps.
449 Caron, H.-P.-E. — L'approche d'un grain dans la baie de Somme, (étude.
450 Carpentier, E. — Les navets.
451 — Le blagueur.
452 Carpentier. Mlle M. — Avant la séance.
453 Carre-Soubiran, V. — Intérieur.
454 Carteron, E. H. C. — Fin de carnaval.
455 Cartier, K. — La moisson du maïs en septembre.
456 — Portrait de Mme J. C...
457 Cary-Elwes, A. — Portrait de M...
458 Casile, A. — Entrée des nouveaux ports à Marseille.
459 Caspers, Mlle P. — Chrysanthèmes.
460 Castagnary, Mme A. — Portrait de Mme L...
461 Castaigne, A. — Portrait de M. A. Baker.
462 Castel, E. — Le vieux moulin de Pêcheux, à Martin-Eglise, (S.-I.)
463 Castel-Pitolet, Mme F.-J. — Fruits du Midi.
464 Castiglione, J. — A Naples.
465 Castres, E. H. C. — Le chemin du couvent.
466 — Les moines laboureurs.
467 Caucannier, D. — La joute à la lance.
468 — Etude.
469 Caullvine, K.-H.-A. — Le soir en février.
470 Causse-Ravenez, feu Mme M.-L. — Portrait de Mlle Marie-(Louise V...
471 Cavallier, L. — Portrait de M. Lefèvre.
472 Cave, J. H. C. — Narcisse.
473 Cesbron, A. H. C. — « L'art domine tout »; dernières paroles de (Feyen-Perrin.
474 — Les oignons.
475 Chabas, P. — Portrait de Mme M. R...
476 Chaigneau, F. — Soir d'été.
477 — Après l'orage.
478 Chaillou, N. — Portrait du général A. de Tscharner.
479 — L'Ecaillère.
480 Challé, Mme A. de. — Désespérance.
481 Chalon, L. — Câlinerie.
482 Chalus, C. — Fantaisie.
483 Champeaux, O. de. — Marine vénitienne.
484 Champion, G. Le Pont-Neuf.
485 Champoiseau, A. — L'antiquaire.
486 Champ-Renaud, Mlle T. de. — Pivoines et pensées.

487 Champ-Renaud, Mlle F. de.— Homard et faisan.
488 Chanet, G. — Portrait de l'auteur.
489 — Le petit bras de la Marne à Isles-les-Villeneuve.
490 Chantalet, E. — Portrait de S. A. R. le pr. don Henri de Bourbon.
491 Chantelat, Mlle R. H. — Portrait de Mme de B.
492 Chantron, A.-J. — Le baigneur et son chien.
493 Chaperon, E. H. C. — Les déportés du 18 fructidor, à Sinnamari ; (funérailles du général de Murinais.
494 Chaplin, C. H. C. — Portrait de Mlle H...
495 — L'âge d'or.
496 Charlay-Pompon, C. — Carrière abandonnée ; Seine-et-Oise.
497 — La Seine à Gloton (Seine-et-Oise).
498 Charle, Mlle L.-E. — Portrait de Mlle Madeleine C...
499 Charnay, A. H. C. — Les dernières feuilles ; bords de l'Indre.
500 Charpentier, G. — Le but de la vie.
501 Charpentier, L.-E. H. C. — Charge de cuirassiers à Waterloo.
502 — Dragon en vedette.
503 Charpin, A. — A la source ; Alpes-Maritimes.
504 Chartier, H.-J. — La charge ; Gravelotte (1870).
505 Chartran, T. H. C. — Portrait d'Emile Blavet.
506 Charvot, E. La rue El Halfaouine, à Tunis.
507 — La rue du Pacha, à Tunis.
508 Ghataigner de Volvreux (Melle A). Portrait de Mme M...
509 — Portrait de Mme C...
510 Chataud, M.-A. Campement ; souvenir de Biskra (Algérie).
511 — Vue de la cathédrale de Mantes.
512 Chateignon, E. Un connaisseur sérieux.
513 Chaudey, G.-A. Les bords de l'Esole à Quimperlé (Finistère);
514 Chavannaz (Melle J). Champignons frais.
515 Chayllery, E.-L. — Le sommeil.
516 — Les devoirs dans la famille.
517 Checa, U. — Course de chars romains.
518 Chenu, Mlle J. — Portraits d'enfants.
519 Cheron, O. Fouras (Charente-Inférieure).
520 Cheve, L.-E. — La salle des Batailles au château de Versailles.
521 Chevilliard, V. — Une restauration.
522 Chicotot. G.-A. — Les deux sœurs ; Espérance.
523 Chigot, A. — Un héros.
524 Chigot, E.-H.-A. — La prière du soir.
525 — « Ma mère. »
526 Chirade, Mlle M.-D. — Boules de neige.
527 Chocarne-Moreau, C.-H. — Un marmiton de Clignancourt.
528 Choisnard, F.-J.-C. — Le Cloître de Sainte-Anne-d'Auray.
529 Choppart-Mazeau, Mme J. — Le magister: souvenir d'Alsace.
530 — Marguerite.
531 Choquet, J.-C. — Repos d'un peintre ; nature morte.
532 — Chemin couvert à Pont-Aven (Finistère).
533 Chrétien, R.-L. — Nature morte ; fromage de Brie.
534 — Nature morte ; fromages blancs.
535 Christie, J.-E. — « Frogs Hollow. »
536 — « Rustic Graces. »
537 Ciceri, E. — Coin de falaise, au Pollet.
538 — Souvenir fantaisiste de Moret.
539 Ciesielski, V. — « Portrait de mon père. »
540 Clairin G. H. C. — Portrait de Mme de P...
541 — L'armée française dans l'église Saint-Marc, à Venise.

542 Clarke, T.-S. — Portrait de Mme d'E...
543 Clary, E. — La Seine aux Andelys (Eure).
544 — Le matin ; bords de la Seine.
545 Claude, E. — Les poissons.
546 — Le bouquet de chrysanthèmes.
547 Claus, E. H.C. Rentrée des vaches ; juillet.
548 — Après le travail.
549 Clausen, G. H. C. — La charrue.
550 — Jeune fille.
551 Clavel, E. — Vallon en Bretagne.
552 Clemansin du Maine, G. — Portrait de Mme C. du M...
553 — Baigneuse.
554 Clercq, Mme A. de. — Portrait de M. le commandant de R...
555 Clermont, A.-H.-L. de. — Dans la vallée de la Bresles.
556 — Le pont.
557 Clinton-Smith, M. — Un coin dans la plaine d'Enfer, à Cayeux.
558 — Le bout du village de Cayeux.
559 Cluseret, G. — Route d'Hyères à Lacrau (Var).
560 — Yldiz; palais du Sultan.
561 Cluysenaar, A. H.C. — Liberté, Egalité, Fraternité ; projet de
562 — Bacchante endormie. (peinture murale, esquisse.
563 Cochery, H.-L. — Soupe aux choux.
564 Coeffier, Mme P. — Portrait de Mme J. Michelet. (Ploumanach'.
565 Coessin de la Fosse, C.-A. H. C. — La chapelle de St-Guireck (à
566 Coeylas, H. — Les maroquiniers de la rue Croulebarbe. à Paris.
567 Cogghe, R. — A la frontière.
568 Cohen, G.W. — Avant le mariage.
569 — Portrait.
570 Colani, Mlle M. — Portrait de Mme C...
571 Colin, M. — Les commères.
572 — Les laveuses.
573 Colin, P. H. C. — Vue prise du quai Malaquais.
574 — L'allée de la falaise ; jardin d'Yport.
575 Colin-Libour, Mme U. — Chez la nounou.
576 Collas, A.-P. — Au bord de la Seine, à Billancourt.
577 Collazo. G. — Amateurs.
578 — Au cabaret.
579 Collin, A. — A l'hospice des Ursulines, à Bruxelles.
580 — Une forge en Ardennes.
581 Collin, R. H. C. — Portrait de Mlle R...
582 — Adolescence.
583 Collomb-Agassis, Mme L. — Portrait de M. D...
584 Colombier, Mlle G. — Portrait de Mlle Z.
585 Columbano, B.-P. — Portrait de l'acteur Joao Rosa.
586 — Portrait du poète Anthero do Luental.
587 Comble, P. — Moisson ; vallée de Cernay.
588 — Un hêtre ; — Vaux-de-Cernay.
589 Comerre, L. H. C. — Bain de l'Alhambra.
590 — Portrait de Mme M. de la T...
591 Comerre-Paton, Mme J. — Peau-d'Ane.
592 Conant, Mlle L. — Suzanne; étude.
593 Condé, Mme E.-C. Gonzalez. — Vieille paysanne; intérieur, à
594 Connah, D.-J. — Portrait de l'auteur. (Auvers-sur-O.
595 Constantin, Mme A. — Tête de jeune fille.
596 Conti, Mlle A. — Portrait de M. le Dr de Courtys.
597 Cool, Mme D. de. — Portrait de Mme de L...

598 Cool, G. de. — Portrait de Mlle C. D..
599 — Portrait de Mlle M. D...
600 Coquelet, L. — Portrait de Mme M...
601 Coquelin, T.-C.-A. — Nature morte.
602 Corbineau, A.-C. — Portrait de Mme C...
603 Cordova, J. — Portrait de Mlle L. D...
604 Cordova, L.-F. Pelez de. — Fin de déjeuner ; 1789.
605 Corinth, L. — Piéta.
606 Cormeray, O. — Les cerises.
607 Cormon, F. H. C. — Portrait de Mme B...
608 — Bataille de Graves.
609 Cornelius, Mme M.-L. — Nature morte
610 Cornellier, E. — En Provence.
611 Cornet, A. — Une noce dans les environs de Paris.
612 Correja, H. — Paysan espagnol.
613 Cortes, A. — L'abreuvoir.
614 Cosson, P. — Le champ épiné.
615 Costeau, G. — Bord d'étang.
616 Cottin, E. — Assaut de maîtres dans la Garde royale; 1823.
617 Cotton, Mlle M. — Portrait de M. C...
618 Couder, E.-G. — Pour le déjeuner ; — nature morte.
619 Coulon, L. — Lisière de bois.
620 Courboin, E. — Queue de colonne à la suite des marches forcées.
621 Courche, F. — Quintette.
622 Courtat, L. H. C. — Nymphe des bois.
623 Courtin, Mlle C.—Maison de la mère Firmin, à Montigny-s.-Loing
624 Courtines, A. — Le noyé.
625 — Portrait de M. A. Muzet.
626 Courtois, E. — « Le lièvre et la tortue ».
627 — Etude.
628 Couse, E.-I. — « Ma première-née !!! »
629 — Un soir d'été.
630 Couturier, P.-L. H. C. — Jeune fille plumant du gibier.
631 — La Louison.
632 Couturier, V. — Bord de Marne, à Noisy-le-Grand.
633 Couty, J.-F. — Les œufs sur le plat.
634 — Après la sérénade.
635 Crapo-Smith, Mlle L. — Toute seule.
636 Crauk, C.-A. H. C. — Portrait du général Tramond.
637 Crebassa, P.-E. — Causerie.
638 Cremieux, E. — Un mandiant.
639 Cres, C. — Prytanée militaire de la Flèche ; visite du prix d'honneur à la sœur supérieure de l'infirmerie.
640 Cresswell, A. — Portrait de Mme la Csse A. de F. L...
641 Croegaert, G. — Coquetterie.
642 Crochepierre, A.-A. — La douce après-midi.
643 — Les tricoteuses.
644 Crouan, Mlle J. — Les apprêts du désert.
645 Cuisant, C. — Dans le parc ; à Châtillon-sur-Seine, en juin.
646 Cunningham, J.-W. — « Pour mes lapins ».
647 Curel, L. — Deux voleuses.
648 Curran, C.-C. — Les lotus du lac Erié ; États-Unis d'Amérique.
649 Curzon, P.-A. de. H. C. — Bords d'un ruisseau.
650 — Murs de Rome, au bord du Tibre.
651 Dagnac-Rivière. C.-H.-G. — Etude.
652 Dainville, M. — Le bec d'Andaine (Manche).

653 Dallier, G. — Étude de moines.
654 Damas, E. — Javanaise jouant du rabab.
655 Dambourgez, E.-J. — Dessert.
656 Dameron, E. H. C. — La Seine au Petit-Andelys.
657 — Le marché du cours Masséna, à Antibes.
658 Damien, A. — Vieux hêtre ; forêt de Fontainebleau.
659 Dammouse, E.-A. — Portrait de maman Rose.
660 Damour, C.-E. — Les Échardonneuses.
661 Dantan, E. H. C. — Le temple de l'Amour, à Trianon.
662 — Une serre en construction.
663 Dantin, P. — Etalage de fleurs.
664 Danty, L. — Un prix de sagesse !
665 Darasse, G.-P.-J. — Un coin de Santa-Lucia, à Naples.
666 Darbois, H. — Sur l'Armançon.
667 — Un atelier de serrurerie.
668 Dardoize, E. — Etang des Grands-Moulins à Montcontour (C.-du-N.
669 — Bois de Rossignols, à Sèvres.
670 Dargent, A. — Portrait de M. Alfred Duquet.
671 Darien, H. — Le quai du Louvre, à Paris.
672 — Pêcheurs de crevettes ; Villerville.
673 Darmesteter, Mme A. — Portrait de M. L. H...
674 Dastugue, M. — Portrait de l'auteur.
675 — Un village en Egypte.
676 Daudet, H. — Les Roches Signal ; baie de la Fresnaye (C.-du-N.
677 Daudin, H.-C — Portrait de Mme A...
678 Baudin, L.-C.-V. — Figues.
679 Dautrebande (A.) — Un ruisseau ; Campine.
680 Dauvergne, L. — Ariane.
681 — Paysage d'automne.
682 Daux, C.-E. — « Le Petit Chaperon Rouge.. »
683 David, C.-E. — Portrait de Mme B. P...
684 David, E. — Cerises.
685 David de Sauzeau, J. — Prise de la flotte hollandaise par les hussards de la République ; 1795.
686 — Fugitifs sous la terreur.
687 Davis, C.-H H.C. — Le ruisseau ; effet du soir.
688 — Une matinée d'été.
689 Debaene, A. — Ma voisine.
690 Debat-Ponsan, E.-B. H,C. — Midi.
691 — Dans ma serre.
692 De Beul, F. Matinée de novembre ; Campine limbourgeoise.
693 Debras, L. — Une redevance au vieux temps.
604 — Etude.
695 Debuire, A.-P. — Portrait.
696 Decaen, A. C .F. — Le défilé des troupes coloniales, à la revue passée par le général Saussier, gouverneur militaire de Paris, en présence du Président de la République, le 14 (juillet 1889.
697 Decamps, A. — Loin du pays.
698 — Un scribe.
699 Decamps, J. M. — Portrait de Mme D.
700 Decan, E. — Plage du Calvados ; marée basse
701 — Moulin sur la Marne.
702 Decanis, T.-H., — Dans les collines de Cabriès ; Provence.
703 Decap, F.-F. — Portrait.
704 Declerq, A. — Les Arliques ; garenne de St-Frieux (P.-de-C.)
705 De Coninck, P.-L.-J. H.C. — Portrait de Jules Verne.
706 — Portrait du jeune P... ; avec chien des Pyrénées.

707 De Coninck, Mlle R. — Rose mystique.
708 Defaux, A. H.C. — Les bords de la Marne.
709 — Les bords du Loing.
710 Dehaussy, J. — « Y pensent-ils? »
711 — Portrait de M. C.
712 Dejardin, A.-J. — Marais; automne.
713 — Effet de neige; matin.
714 De Keghel, D. — La serre aux azalées.
715 Delachaux, L. — Portrait de Mme H. S.
716 — Visite à la fiancée.
717 Delacroix, H.-E. H.C. — Le Réveil.
718 Delahaye, E.-J. H.C. — Charge du plateau d'Iron.
719 Delaisse, F.-A. — Coin de cuisine; la raie.
726 Delaistre, A. — Une rue à la garde, près Toulon.
721 Delaplanche, E. — La route de Combs-la-Ville, à Quincy.
722 Delassalle, Mlle A.— Portrait de Mms G.
723 Delaunay, J. — Tête de femme; étude.
724 Delessart, A. — Le clos Thiébault.
725 Delhumeau, G.-H.-E. — Namouna.
726 Delobre, F.-A. H.C. — Corentinie.
727 — Sur les dunes, à Loc-Tudy (Finistère)
768 Delpech, H. — Intérieur.
769 Delpy, C. — Les Pyrénées; vallée de Lourdes.
730 — Matinée de printemps; bords de la Seine.
731 Delsaux, G.-G. — Coup de soleil après la bourasque ; Zélande.
732 Delsaux, J.— Portrait de Mme G. T.
733 Demarest, A.-G. — Portrait de M. E. S.
734 Demay, P.-L.-H.-O. — Une rue à Pont-de-l'Arche (Eure)
730 Demont, A.-L. H.C. — Le départ.
736 — Ferme en Dauphiné.
737 Demont-Breton, Mme V.-E. H.C. — Au jardin.
738 — Tête d'étude.
739 Demonts, M. — Devant une église.
740 Denet, C. — Portrait de Mme D.
741 Deneux, G.-C. — La première communion, à Epinay-s.-Seine.
742 — Le pardon de N.-D.-de-la-Charité (C.-du-N.)
743 Dennery, G.-L. — A la campagne.
744 Denneulin, J. — L'attente.
745 De Ruysscher, J. — Butte, à Gay ; forêt de Fontainebleau.
746 Desaint, A. — Une rue à Senlisse (Seine-et-Oise).
747 — Nature morte.
748 Desauty, Mlle H. — Au grenier.
749 Desbrosses. J. H.C. — La Vallée aux Roches; Vosges.
750 — Le bûcheron.
751 Descamps-Sabouret, Mlle L.-C. — Gibier.
752 Descelles, P. — La potée.
753 Deschamps, F. — La rue du Jeu-de-Paume, à la gare, près Tou-
754 Desfontaines, H.-J.-F. — Portrait de M. Georges R. (lon.
755 — Portrait de M. P. S. (tale, etc.; au Musée d'artillerie.
756 Desgoffe, C. H.C. — Casque circassien, poire à poudre orien-
757 — Agates et cristaux; au musée du Louvre.
758 Desgoffe, J.-A.-E. — Portrait de M. C. D.
759 Deshayes, C.-F.-E. — Dans une cour de campagne, à la Garde-
(de-Dieu, près Rozoy-sur-Serre (Aisne).
760 Deshays, C.-J.-F. — Chênes et bouleaux ; Rochefort-en-Terre
761 Desjeux, Mlle E. — Portrait de Mme Laffon. (Morbihan.

762 Desjeux, Mlle E. — Etude.
763 Deslandes, baron E. — Portrait de l'amiral des Essarts.
764 Desmarquais, C.-H. — Un matin au bord du Sichon (Allier).
765 — Coteau de Meudon.
766 De Smeth, C.-H. — Dolce far niente.
767 Desnoux, Mme A. — Une vocation.
768 Desplanques, A. — Portrait de ma mère.
759 Dessar, L.-P. — Portrait de M. le Dr G. M.
770 — Portrait de Summer Root.
771 Destrem, C. H.C. — L'étoile de Bethléem.
772 Desvallières, G.-O. — Portrait de Mme P.
773 — Portrait de M. H. de C.
774 Detaille, E. H.C. — En batterie; artill. de la garde, rég. monté.
775 Deully, E.-A.-F. — Après le péché.
776 Deutsch, L. — El-Azhar; l'Université arabe au Caire.
777 Devert, A.-E. — Portrait de l'auteur.
778 Devinat, F. — Le Trou-Huguenot.
779 Deyrolle, T. H.C. — Une noce en Bretagne.
780 — Les faneurs.
781 Dezaunay, E. — Pêcheurs de saumon dans la brume du matin.
782 Dezobry, A-.L-.H. — Le pont noir (Savoie).
783 D'Heurs, E. — Le château de Rochefort, près Gannat (Allier.
784 Didier, A. — Portrait de Mme V.
785 Didier, J. — Campagne de Rome; au printemps.
786 — A Briou-Laizi; environ d'Autun (S.-et-L.)
787 Didier-Pouget, — Les ajoncs; landes de Gascone.
788 — Crépuscule; environs de Pau.
789 Dieterle, C. — Portrait de Mme G. D.
790 — Portrait de M. le professeur F.
791 Dieterle, Mme M. — Le repos; pays de Caux.
792 Dieterle, P.-G. — Clair de lune.
793 — Le chemin de la Cavée; Criquebœuf (S.-Inf.)
794 Dieudonné, E. de. — Alla Verdi Kan.
795 — Tombeau de Sidi Ab der Rhaman, à Alger; étude
796 Diffre, J.-B. — Portrait de M. le président F. de M.
797 Dillon, H.-P. — La lampe.
798 Diranian. S. — L'appel; au bord du Lot.
799 — La première lettre.
800 Dohlmann, Mlle A., — Roses de Noël.
801 Doliger, Mlle B. — Portrait de Mlle ***.
802 Donne, W. — Sous bois, à Clamart.
803 — Portrait de M. J...
804 Dore, Mlle I. — Portrait de M. D...
805 Dosque, P.-T.-R. — Fin d'automne, à Floirac.
806 — Chemin, à Floirac; hiver.
807 Doucet, L., H. C. — Portrait de M. H. de la G...
808 — Figure nue.
809 Doudement, G.-E. — Tiote « fille de Berck ».
810 Douillard, A.-M.-L. — La liberté rendue.
811 Doyen, G, — Le chapelet.
812 Doyen. L. — Feuilles mortes.
813 Dramard, G. de.—Boutique de Barbouchi; sect. tunisienne. exp.89.
814 — Un coin de Fontarabia)Espagne).
810 Drevet, Mlle M. — L'hiver.
816 Druet, A. — Marchand d'esclaves à la porte du sérail.
817 — Portrait de M. P...

818 Dube. M. — Crevettes.
819 — Fromages et marrons.
820 Dubois, A. — Soir d'hiver; forêt de Fontainebleau,
821 — Falaises normandes; effet du soir.
822 Dubois, P., H. C. — Portrait de Mme ***.
823 — Portrait de M. ***.
824 Dubouchet. G. — Les provisions de l'office.
825 Dubourg, Mme V. — Phlox.
826 — Capucines,
827 Duboy. Mlle M. — Portrait de Mlle C. M...
828 Dubron, Mme F. — Régal rustique,
829 — La lutte pour la vie.
830 Dubrule, Mlle P. — Chez l'antiquaire.
831 Dubuisson, A. — Une cour de village.
832 Duc, E.-E. — Portrait de Mme ***
833 Duchateau, Mme L. — En février.
834 Dudicourt, J. — Portrait de Mme C..,
835 Dufaud, G.-A., — Bords de la Toucques (Calvados); étude.
836 Dufaux, F. — Le bain de bébé.
837 Dufeu, E. — Chaudrons et Cruche de Brindisi.
838 Duffaud, J.-D. — Portrait de Mme S...
839 — Portrait de Marguerite.
840 Dufour, C. — Les Martigues en Provence.
841 — La Seine à Vétheuil.
842 Dukszynska, Mme E. — Portrait de petite fille.
843 Du Mond, F.-V. — La sainte Famille.
844 Du Mond, F.-M. — En retenue.
845 Dunn, Mlle J. — Paysage. (aux Arts et à l'Industrie; plafond.
846 Dupain, E. H.C. — Le Commerce apporte la Paix et l'Abondance
847 — Portrait de M. Jamin, membre de l'Institut.
848 Duperelle, F. — Carnetin (Seine-et-Marne; entrée du village.
849 Duplan, L.-C. — A Matines.
850 — Piété filiale.
851 Dupré J. H.C. — La vache blanche.
852 — Les faneurs.
853 Dupuis, P. — Jeanne d'Arc.
854 — Portrait de Mme F. B...
855 Dupuy, J.-A. — Femme basque en prières.
856 — Maïé; étude.
857 Durand, C. — Etude.
858 Durand, E.-V. — Fin de veillée au petit jour.
859 — Dans la forge, après les prix.
860 Durangel, L.-V. — Portrait de M. le capitaine B. Wolff.
861 — L'Océan.
862 Dury-Vasselon, Mme H. — Buisson de roses.
863 Dutzschhold, H. — Environs de Honfleur (Calvados).
864 — Cachan-la-Ville.
865 Duval-Gozlan, L. — La Seine au Goulet, près Vernon.
866 Duverger, T.-E. H.C. — La mère Angélique.
857 — La sœur aînée.
868 Duyver, A.-V. — Portrait.
869 East, A. H.C. — Le bûcheron.
870 Edouard, A.-J. H.C. — Odalisque.
871 — Idylle champêtre.
872 Elias, A. — Cheval à l'Abreuvoir.
873 Elias, Mme E. — Sous le bois.

874 Eliot, Mlle J. — Les champs, à Epinay-sous-Sénart.
875 Eliot, M. — Journée de baptême.
876 — Un jeudi d'été.
877 Enders, J. — Une triste nouvelle.
878 Entraygues, C.-B. d'. — Pêcheurs de moules surpr. par la marée.
879 Ernst, R. — Les deux gardiens.
880 Ertz, E.-F. — Portrait.
881 Espenan, Mlle M. — Portrait de M. E...
882 Etcheverry, Mlle M.-L. d'. — Marchande de fleurs.
883 Eustache, E.-F.-R. — Salle de repos dans un hammam, au Caire.
884 Eymieu, L. — Une rue de village ; Dauphiné.
885 Eysseric, J. — Paquebots des Messageries, à Marseille.
886 Fairchild, Mlle M. — Portrait de l'auteur.
887 Faivre, M. — Portrait de Mme L...
888 Faivre-Duffer, L.-S. H.C. — Portrait de Mme P...
889 — Baigneuses ; étude.
890 Fantin-Latour, H. H.C. — Portrait de Mlle S. Y...
891 — Portrait de Mme L. G...
892 Fanty-Lescure, Mlle E. — Au printemps.
893 Farasyn, E. — Le labour ; matin.
894 — Pêcheurs de crevettes au repos, à Nieuport.
895 Fath, R.-M. — La saulée du Pré-Marais, en avril.
896 — La source du Pré-Marais.
897 Fauconnier, E.-E. — Bouderie.
898 Faulque, Mlle L. — Port. du vice-amir. Faulque de Jonquières.
899 Fauvel, G.-H. — Portrait des enfants de M. L.
900 — « Gotte » ; chienne épagneule.
901 Favier, Mlle J.-M. — Portrait de Mlle Jeanne S.
902 Feit, Mlle N. — Portrait de Mlle F.
903 Feldtrappe, H. — La « Petite-Bretagne », à Senlisse.
904 — Etude d'automne.
905 Fernan, J. Vallée de l'Epte ; coucher de soleil.
906 Ferraris, A. — Visite du Grand Cheik à l'Université du Caire.
907 Ferre, G. — Deux mamans.
908 — Temps gris.
909 Ferrier, G. H.C. — Portrait.
910 Feuillas-Creusy, Mme C. — Portrait de Mme L. B.
911 Feyen, E. H.C. — La fiancée du marin.
912 — Une fille de Cancale ; transport du vieux bois des parcs à huîtres.
913 Fichel, E. H.C. — Conseil de guerre.
914 — Le toast.
915 Fichel, Mme J. — Portrait de Mme G. P.
916 Finney, H. — Rêverie.
917 Flahaut, L. H.C. — Les bords du Loing, près Montbouy (Loiret).
918 — Le camp de César, à Puys, près Dieppe.
919 Flameng, F. H.C. — La halte ; infanterie de ligne (1789).
920 Flameng, F. — L'armée française marche sur Amsterdam ; campagne de Hollande, 1796.
921 Flameng, M.-A. H.C. — La sortie des barques ; Trouville.
922 Flament, E. — Fleurs.
923 Flandrin, P. H.C. — Dans un parc ; environs de Melun.
924 — Un petit vallon à Pornic (Loire-Inférieure).
925 Flandin, P.-H. — Sainte-Elisabeth ; le miracle des roses.
926 Fletcher, Mlle M. — Portrait de Mme Darmesteler.
927 Fleury, Mlle M. — La novice.
928 Flipsen dit Philipsen, V. — Le marais des Echets.

929 Florence, J.-P. — Mes chiens.
930 Flour, J.-A. — Portrait de Mlle Blanche Z...
931 Floyd, H. — Portrait de Mlle C...
932 — Portrait de Mlle C...
933 Fol, C.-A. — Sieste.
934 Fontaine, Mlle J. — Portrait de « mon père ».
935 Fontenay, A. de, H.C. — La côte de Honfleur ; marée montante.
936 Forcade, E.-A. — Au secours ! baie de Fouesnan (Finistère).
937 Ford, Mlle H. — Portrait de l'auteur.
938 Formant, H.-E.-P. — Le Cavage et la Basse-Masse ; carrière de
939 Fornier, Mlle K. — Ildiz ; étude. (la Belle-Epine à Montreuil-s.Bois
940 Forberg, N. H.C. — Portrait de « mon fils ».
941 — Portrait de M. P. F...
942 Forster, J. — Portrait de M. le pasteur Hocart.
943 Fossey, A. — Fin de jour ; motif décoratif.
944 — Fraîcheur du matin ; motif décoratif.
945 Fouace, G.-R. — Dessert.
946 — « ma pêche ».
947 Foubert, E.-L. H.C. — Portrait de Mme ···
948 — Profil de jeune femme ; étude.
949 Fould, C. — L'œuf du jour.
950 Foulquier, J.-V. — Une forge à l'Isle-Adam.
951 — Une boissière. (exercices du canon, pièce de 14.
952 Fouqueray, C. — A bord du croiseur-torpilleur « le Forbin ; les
953 Fourie, A. H.C. — Printemps.
954 Fournery, F. — Panneau décoratif.
955 Fournier, H. — Abandonnée !
956 — Le père Avril et son hôte le Prophète.
957 Fournior, L.-E. H.C. — La fin du roman.
958 — Portrait de M. Emile B.
959 Fox, E.-P. — Tricoteuse.
960 — Automne.
961 Français, F.-L. H.C. — Vue de la Sèvre, à Clisson
962 — Matinée brumeuse ; environs de Paris.
963 France, Mme E.-L. — En Flandre.
964 France, J.-L. — Entrée d'un bateau de pêche ; Hollande.
965 Frank, P. de. — Portrait de Mme de ···
966 Franklin, D.-H. — Portraits ee Mlles Gaston V...
967 Francqueville, J. de. — Intérieur picard.
968 Franzini d'issoncourt, C.-H.-M. — Portrait de « ma mère ».
969 Frere, C.-E. H.C. — Les débardeurs de bois ; quai d Ivry.
970 — Etude ; à Ezanville (Seine-et-Oise).
971 Frick, P. de. — Rêverie romantique.
972 Fritel, P. H.C. — L'enfance de Jeanne-d'Arc.
973 Fronti, M. — « Le père Baudy. »
974 Furcy de Lavault, A.-T. — Fleurs d'été ; panneau décoratif.
975 Furet, F. — A l'Etang de Champlong (Loire).
976 Furuhjelm, Mlle D. — Etude.
977 — Atelier Blanc-Garin ; à Bruxelles. (virons de la Haye.
978 Gabriel P.-J.-C. H.C. — « Il vient de loin » ; vue prise des en-
979 Gabriel P.-J.-C. H.C. — Le dégel ; vue prise dans le polder de
980 Gabriel-Biessy. — La fille du graveur. (Kortenhoef.
981 — Décembre.
982 Gage, L.L. — Une mauvaise farce.
983 Gagliardini, G. H.C. — Un quai à Toulon.
984 — Temps calme au port ; Toulon.

985 Gagneau, L. — Avant l'Orage.
986 — La mare de Fouilleuse.
987 Gaidan, L. — Carqueiranne ; environs d'Hyères.
988 Gaillard, Mme L. — Souvenirs ee Bretagne ; chrysanthèmes.
989 — Pivoines. iris.
990 Gaillard, F. — Portrait de Mlle Maus. (décembre.
991 Galerne, P. — La vallée du Croc-Larbonné, à Châteaudun ; en
992 — Chemins des Maisons-Basses, à Châteaudun ; effet de
993 Gaillac, L. — Portrait de M. Crozier. (neige.
994 Gallian, O. — L'automne.
996 Galliod, A. — Fiu d'automne dans le Doubs ; étude.
996 — La Loue à Lavans-Quingey (Doubs).
997 Gamba de Preydour, A. Fleurs d'eucalpptus et verre de Venise.
998 — Portrait de Mme G. de P...
999 Gambard, H.J. — Sous le porche de Saint-Germain-l'Auxerrois.
1000 Garaud, G.-C. — La Fausse-Porte, à Chaville.
1001 — Le Vieux chemin du Calvaire, à Saint-Céneri (Orne).
1002 Garcement, A.-H. — Les Bruyères ; étude.
1003 Gardère, T. — Matin ; Beg-Ueil.
1004 — A Huelgoat. (Marne.
1005 Gardette, L. — Le Rouleau ; plaine de Barbizon (Seine-et-
1006 — Engagement de cavalerie ; campagne de 1870.
1007 Gardner, Mlle E.-J. — La réponse au petit-fils.
1008 Garibaldi, J. — La tour Philippe-le-Bel, à Villeneuve-lès-Avi-
1009 Garnier, G. — Une ferme à Auvers (Seine-et-Oise). (gnon.
1010 Gaste, G.-C. — Portrait de M. Georges Blaess.
1011 - Nature morte.
1012 Gaudefroy, A. — Chez l'empailleur.
1013 — L'omelette.
1014 Gautier, A. — La première leçon.
1015 — Amour du travail.
1016 Gavarni, P. — Concours hippique ; le saut des barres.
1017 Gay, J.-L. — Portrait de M. E. Duboin, procureur général.
1018 Gay, W. H.C. — Jeune fille aux géraniums.
1019 — L'interrogatoire.
1020 Gelhay, E. H.C. — Chez le juge d'instruction.
1021 — La grand'mère.
1022 Gelibert, G. — « Ventre affamé n'a pas d'oreilles. »
1023 — Pickpockets champêtres.
1024 Gelibert, J.-B. H.C. — « Harloup ! Harloup ! » équipage de
1025 w Une bergergerie à la Barthe-de-Nesle. (chiens gascons.
1026 Genin, A. — Après le bal ; nature morte.
1027 Geoffroy, J. H.C. — Au bord du canal St-Martin (crépuscule.
1028 Georges-Girardot, G.-M.-J. — Les révérences à la lune ; cré-
1029 Georges-Sauvage, A.-A. — Portrait de M. P. B..., procureur de
1030 — Portrait de « ma fille. » (la République.
1031 Georget, J.-C. — La mare-à-Beauge ; forêt de Fontainebleau.
1032 — Les Bruyères.
1033 Gerin, R.-E. — Déshabillée.
1034 — Portrait de Mme L.
1035 Gérome, J.-L. H.C. — La poursuite.
1036 — Abreuvoir.
1037 Gervais, J.-P. — Portrait de Mme L.
1038 Giacomotti, F.-H. H.C. — Portrait de M. P. B.
1039 Giacomotti, F.-H. H.C. Portrait de Mlle de S...
1040 Gicquel, Mlle C. — Vue de marais. (gneurie de Venise.

1041 Gide, T. H.C. — Galilée expliquant ses découvertes à la Sei-
1042 Gigoux, J. H.C. — « Printemps! jeunesse de la vie. »
1043 Gilbert, R. H.C. — Départ du ballon « l'Armand-Barbès, » place
Saint-Pierre; siège de Paris (1870).
1044 Gilbert, V.-G. H.C. — La valse.
1045 — Le jeune plant.
1046 Gillet, N. — La fin du roman.
1047 Gilly, Mlle A. — Portrait de Mme A. G...
1048 Gintrac-Jouasset, J. — Le professeur Badal; clinique des ma-
(ladies des yeux à la Faculté de Bordeaux.
1049 Giran, E. — Nature morte.
1050 Giran-Max, M.-L. — A l'atelier.
1051 Girard, H. — Vallée de Seine-et-Oise.
1052 Girardet, J. — Madrigal.
1053 — Un vieux lapin.
1054 Girardin, E. — Portrait de « mon grand-père. »
1055 Giron, C. H.C. — « Tons de suie. »
1056 — Tons de fumée; » portrait de Mlle Christine M...
1057 Gittard, A.-C. — Bords de la Braye.
1058 Givry, P.-P.-J. — Pêcheuses; Tréport.
1059 Glaize, A.-B H.C.— Sainte-Agnès dans une maison de débauche.
1060 Glaize, J.-E. — Un petit verger breton.
1061 Glaize, L.-P.-P. H.C. — Portrait de M. Georges Berryer.
1062 — « Raymond, François et Antoinette »; portraits.
1063 Gless, Mme A. — Souvenirs carlovingiens; couronne, sceptre,
(épée, « Capitulaires de Charlemagne », tunique carloving.
1064 — Vase en ivoire de la collect. Thiers, au musée du Louv.
1065 Gluck, E. — La leçon de lecture au village. (verres de Venise.
1066 Godeby, C.-L. — Portrait de Mlle Anna ***.
1067 Godin, Mlle M. — Portrait de Mlle Mathilde L.
1068 — Portrait de Mlle Jenny B.
1069 Gœpp-Guyon, Mlle M. — La femme et la chimère.
1070 — Profil.
1071 GŒPFERT, P.-E. — Un vieil artiste.
1072 Goguel, Mme H. — La prairie.
1073 Gomez, P. — Marguerite.
1074 — Madeleine.
1075 Gontier, L. Janvier.
1076 Gonzalez, J.-A. — Contrat de mariage au commencement du
1077 — Un saint; étude. (XVIIIe siècle
1078 Gonzalès-Mendez, N. — Dans sa retraite.
1079 Gonzalva, Mlle C. de. — Portrait de Mlle de G...
1080 Gorguet, A.-F. — Diane.
1081 — Portrait de M. Georges Richard.
1082 Gos, A. — Montagnes en Suisse.
1083 Gosselin, A. — Au matin; septembre.
1084 Gosselin, C. H.C. — Lisière de la forêt d'Arques (Seine-Infér.)
1085 Gotorbe, E.-E. — Mon atelier; étude.
1086 Gouirand, A. — Les dunes; golfe de Napoule, en janvier.
1087 Gounin, H. — En Normandie; Villerville, fin septembre.
1088 Gourdon, R.-F. — Femme écoutant un sermon; étude.
1089 Graef, Mlle S. — A travers les lilas.
1090 Graf, P. — Soir.
1091 Grammont, E. — En tirailleurs; gardes d'honneur (1813).
1092 Granchi-Taylor, A. — Loups de mer.
1093 — Yvonne.

1094 Grandjean, E.-G. — Le labourage dans l'Oise.
1095 — Une écurie de ferme dans l'Oise.
1096 Grandsire, E. H.C. — Le Bagnérot à Bains (Vosges).
1097 Grange, J.-M.-G. — Crépuscule; Gorge-aux-Loups, près de (Rambouillet.
1098 Granié, J. — Daphné.
1099 Gratcyrolle, S. — Bœufs marchois.
1100 Gratia, L.-C. — Portrait de Mme Emile Vernolle.
1101 Gréatorex (Mlle K.-H. — Vêpres; Giverny.
1102 Green, H. — Déveine.
1103 — Fille du château.
1104 Grellet, A.-A. — Les Saints-Picards; partie de frise.
1105 Grenet, E. — Veuve!
1106 — Portrait de Mlle G...
1107 Grenier, M. — Une école de campagne en Luxembourg; classe (de couture.
1108 Gridel, J.-E. — Retraite de chasse dans les Vosges.
1109 Grier, E. W. — Bereft.
1110 Grillet, A. — Bords d'un étang (Yonne).
1111 Grimberghe, E. de. — Fayoum; Egypte.
1112 Grimelund, J. H.C. — Matinée d'été.
1113 — Côte suédoise.
1114 Grison, A. — Un message.
1115 Gritsenko, N. — Marine.
1116 — Bateau.
1117 Grivaz, E. — Le secret mal gardé.
1118 Griveau, L. — Les bords de la Seine à Bas-Prunay.
1119 Grivolas, A. — Chez l'amateur de chrysanthèmes.
1120 — Roses trémières; à Trianon.
1121 Grolleron, P. — Retour d'une reconnaissance.
1122 Gros, A. — Une source, près de Guillon-les-Bains.
1123 Gros, M.-A. — Roses.
1124 Gros, J. — Le moulin de Vailly (Aisne).
1125 Gross, P.-A. — Après la pluie; environs de Boulogne.
1126 — Chaumière aux Aynans (Haute-Saône).
1127 Gruchy, G. — Femme au rouet.
1128 Grullon, A. — Effet de neige.
1129 Grun, J.-A. — Cuivres et violettes.
1130 Guay, G. H.C. — Portrait de Mme ***.
1131 — « Mon vieux voisin. »
1132 Guedon, J.-B.-F. — Le matin; baie de La Rochelle.
1133 — Lever de Lune; Bretagne.
1134 Guedroytz, prince V. — Grande plage à Biarritz (Casino). (Mise Lédy Brousse.
1135 Gueldry, J.-F. — Un jour de régates.
1136 Guérard, A. — « Je ne comprends pas... »
1137 Guéry, A. — Les chardons; Champagne.
1138 — Pleine lune au soleil couchant; Champagne.
1139 Guiguet, F.-J. — Portrait de Mme A. D...
1140 — Portraits d'enfants.
1141 Guillemer, E. — Lisière de forêt; Fontainebleau.
1142 Guillemet, J.-B.-A. H.C. — La baie de St-Waast.
1143 — Coup de vent.
1144 Guillon, A.-I. H.C. — Une nuit d'hiver, à Cannes.
1145 — Sous les noyers.
1146 Guillon, E.-A. — Portrait de Mme B...
1147 — Le Vieillard et les trois jeunes hommes.
1148 Guillonnet, O. — Regret.
1149 Guillou, A. H.C. — Le bouquet de primevères.

1150 GUILLOU, A. — Marchande de coquillages; Concarneau.
1151 Guirand, Mme M. — Portrait de M. Guirand de Scévola.
1152 Guirand de Scévola, V.-L. — Portrait de M. E. T...
1153 Gumery, A.-E. — Portrait de Mlle G. D. du V.
1154 — « Les voilà ! » rentrée des troupeaux à la ferme, après (la belle saison; Provence.
1155 Gutherz, C. — La tentation.
1156 — Feuille tombée.
1157 Guthrie, J. — Portrait de Mme F.
1158 Guyon, Mlle J. — Portrait de Mme G...
1159 — Matinée d'été.
1160 Haag, J.-P. — Un jour de fête; — Normandie.
1161 Hadengue, L.-M. — Pommes cuites.
1162 Hagaman, J.-H. — Portrait de Mlle C. N...
1163 Hall, R. — La classe manuelle; école de petites filles (Finistère)
1164 — La parties de cartes; Bretagne.
1165 Hamilton, E.-W.-D. — Portrait Mlle H...
1166 Hamilton, J.-M.-L. — La musique.
1167 Haquette, G. — Bénédiction de la mer et « aux naufragés ! »
1168 Hardie, C.-M. — Portrait de M. Maurice Laporte.
1169 — Paysage.
1170 Hareux, E.-V. H. C. — Symphonie matinale; bords de la Creuse.
1171 — La rentrée du troupeau à l'étable; effet de nuit.
1172 Harfaut, F.-A. — Portrait de M. F. H...
1173 Harpignies, H. H. C. — Crépuscule; souvenir de l'Allier.
1174 — Prairie; effet de soleil.
1175 Hart, Mlle E. — La fin d'un livre.
1176 Hart, W.-H. — Au retour de la promenade.
1177 — Portrait.
1178 Hassam, C. — Chez la fleuriste.
1179 Haus, L. — Repasseur improvisé.
1180 — Portrait de Mme H...
1181 Healy, G.-P.-A. H. C. — Portrait de M. Whitelaw Reid, minstre
1182 — Portrait de M. Jules Simon. (des États-Unis d'Amérique.
1183 Hébert-Stevens, J.-B.-G. — Portrait de l'auteur; étude.
1184 Heberer, C. — Une ferme; Normandie.
1185 Hedde, Mlle L. — Paysage.
1186 Heiter, M. — Portrait de Mme H...
1187 Helie, G. — Un troupeau d'oies.
1188 Heller, E. — intérieur.
1189 Hellouin, X. — Dans la vallée de l'Orne (Calvados).
1190 Hem, Mlle L. de. — Vieux souvenir.
1191 — Coin de boudoir
1192 Hennebicq, A. H. C. — Fin d'octobre, matin; la moisson des pau-
1193 Henner, J.-J. H. C. — Mélancolie. (vres (environs de Bruxelles)
1194 — Portrait de Mme Roger Miclos.
1195 Henry, G. — Le soir; — Kickendlnight (Ecosse).
1196 Henwood, F. — Portrait de Mme G. H...
1197 Herbo, L. — Salomé.
1198 — Au saut du lit; — portrait.
1199 Herland, Mlle E. — Le vœu.
1200 — Confidence.
1201 Hermann-Léon, C. H. C. — Au chenil; ceux qu'on n'emmène pas
1202 — « Quand les chats n'y sont pas... »
1203 Héron, J.-P. — Sous un chaud soleil d'été.
1204 — Un fourré en automne.

1205 **Herter, A. — La femme de Bouddha.**
1206 Hestaux, L. — Atelier de malaxage des terres à modeler.
1207 Hildalgo, F. R. H. C. — Portrait de Mme B...
1208 Hierle, L. — A la source.
1209 Hidebrand, Mlle C. — Portrait de Mme la comtesse de T...
1210 — Portrait de Mme W...
1211 Hingre, L. — Portrait de M. J. G...
1212 — Nature morte.
1213 Hirsch, A.-A. L'Aurore.
1214 Hodebert, L.-A.-C. Rêve d'azur.
1215 Hoffbauer, T.-J.-H. — Paris en 1583; vue prise du vieux
(Louvre, procession de la Ligue.
1216 — La Maison-aux-Piliers (ancien Hôtel de Ville de Paris)
(et la place de la Grève en 1470.
1217 Honnorat, E. — Un coin de la criée Vivaux; nature morte.
1218 Hopf, Mlle A. — A Mont-Cervin.
1219 Hora, H. — Portrait de Mme Michaud.
1220 Houze, A. — Le port de Calais.
1221 — Le quai des Fours-à-Chaux, à Tournai.
1222 Houghton, Mlle M. — Le soir de la vie.
1223 Houssay, Mlle J. — Distraite.
1224 — Portrait de Mme Marie P...
1225 Howe, W.-H. H. C. — Égarés.
1226 Hu, C.-V.-E. — Portrait de Mme H...
1227 Huet, R.-P. — Matin ; environs de Windsor.
1228 Hugard, S. — Brodeuses, à Boulogne-sur-Mer.
1229 — Peinture d'images.
1230 Huillard, Mme E. — Première déception.
1231 — Tête d'enfant.
1232 Humbert, F. — Louis XIII et Mlle de Hautefort.
1233 Humphreys, A. — Fin d'automne ; — Bretagne.
1234 — Intérieur breton. (de 1889.
1235 Huysmans, J.-B. — A Alger; retour de l'Exposition universelle
1236 — A huis clos, r. du Caire; Exposition universelle de 1889.
1237 Hyon, G. — Entre Eylau et Friedland ; vedette du 4e régiment de
1238 Ingomar, F. — Portrait. (hussards, compagnie d'élite (1807).
1239 Irolli, V. — Madeleine moderne.
1240 — Douleur et consolation.
1241 Isenbart, E. — Dans la forêt.
1242 — Source dans la montagne; Doubs.
1243 Ivanovitch, S. — Le soir.
1244 Jacob, Mlle A.-M. — Sourire du matin.
1245 Jacob, S. — Après le bain.
1246 Jacomin, M.-F. — Le Dormoir-de-Lantara; forêt de Fontaine-
1247 — Le Nid-d'Amour; forêt de Fontainebleau (bleau.
1248 Jacque, E. — Abreuvoir.
1249 — Chevaux.
1250 Jacquelin, Mlle M. — Portrait de M. le Dr ***.
1251 — Portrait.
1252 Jacquet, H.-L. — L'araignée.
1253 — Portrait de Mme D...
1254 Jacquet, Mlle T.-C. — Artiste !
1255 Jacquesson de la Chevreuse, L. — Portrait de Mme de La C.*.
1256 — Intérieur d'atelier.
1257 Jacquin, G.-A. — La Chenaye, sous la Tour-en-Plerin.
1258 — Automne.

1259 Jadin, E.-C. — Buse se laissant tomber sur un lapin.
1260 Jameson, M. — Travailleurs de la mer.
1261 Jamet, H.-P. — Le matin de la communion.
1262 — Un coin de jardin; étude.
1263 Jamin, P.-J. — Tentation; mercenaires gaulois d'Annibal à Carthage.
1264 — Portrait de Mme A...
1265 Jan-Monchablon, F. H. C. Les Vernes.
1266 — La petite rivière.
1267 Japy, L. H. C. — Les feux des bergers.
1268 — A la source.
1269 Jardon, L.-J. — Portrait de Jablochkoff.
1270 Jean, A.-E. H. C. — Jeanne d'Arc.
1271 — La Muse confie ses secrets au Poète.
1272 Jean, L. — L'étudiante.
1273 Jean, P. — Moine lisant; abbaye de St-Maximin (Provence).
1274 Jean de Mertens, Mme F. — En deuil.
1275 Jeannin, G. — Le centenaire.
1276 — Camélias et tulipes.
1277 Jeannin, M. — Portrait de M. A. de S.
1278 — Portrait de Mme E. J.
1279 Jeanson, A. de. — Portrait de Melle Adolphe Belot.
1280 Jenkins, Mme A.-S. — Nature morte.
1281 Joannon-Navier, E.-E.-A. — Portrait de M. Ed. B.
1282 Jobbe-Duval, G. — Bords de l'Oise; une bonne place.
1283 Jobert, P. — Les Palangriers; Alger.
1284 — Le vieux pêcheur; Honfleur.
1285 Jolyet, P. — Avant le dîner.
1286 Jouanni, Mlle M. — Les fromages.
1287 Jouas, C. — Les lions de Salammbô.
1288 Joubert, L. — La Seine à Pont-de-l'Arche (Eure).
1289 Jourdan, T. — Chèvres à l'abreuvoir; environs de Cassis (Provence.
1290 Jourdeuil, A. — Derniers rayons du soleil, au moulin Pêcheux.
1291 — Automne au bord de la Seine.
1292 Jourdier, Mlle M.-S. — Portrait de l'abbé L.
1293 Jousset, C. — Rade de Noirmoutiers, un jour de régates.
1294 — Bateaux sardiniers dans la brume; baie de Quiberon.
1295 Jouy, E.-A. — Portrait de M. Jouy.
1296 Junière-Gilgencrantz, Mme A.-C. — Portrait du colonel G.
1297 Jussy, C. — Intérieur.
1298 Kaemmerer, F.-H. h.c. — Un coin du cimet. du Père-Lach.
1299 — Trop cher.
1300 Kahn, M. — Portrait de Mme ···.
1301 Kaplan, J. — Portrait de « ma sœur. »
1302 Kehlberner E.-A. — Cueillette de prunes.
1303 Kendall, W.-S. — Une première communiante; Concarneau.
1304 — Deux jeunes commères; Le Pouldu.
1305 Kennedy, W. — A Spring Pastoral.
1306 Ketels, P. — Portrait de M. G. V.
1307 Keyser, Mlle E. — « La mère Morot; » Dieppe.
1308 Klumpke, Mlle A.-E. — Portrait de Melle D. K.
1309 Klyn, C.-F. de. — A la campagne.
1310 Koetschet, A. — Place de Gien (Loiret).
1311 Kooreman, D.-L. — Le baiser.
1312 — Les sœurs.
1313 Koossman, A.-B. — Tête de vieillard; étude.
1314 Korochansky, M. — Portrait de Mme D. V.

1315 Kossak, A. de. — Le général comte Thadée Tysrkiewicz, est fait (prisonnier par les cosaques pendant la retraite de Moscou (1813)
1316 — Portrait du petit prince L. R.
1317 Kowalsky, L.-F. — Etude.
1318 — Portrait de Mme K.
1319 Krabansky, G. — Vaches hollandaises.
1320 Kreder, P.-E. — Portrait de M. F. M.
1321 Krug, E. H.C. — Maternité.
1322 — Portrait de Mme A.
1323 Krug-le-Fustec, Mme M. — Portrait de M. E. Krug.
1324 — Portrait de Mlle Jane P.
1325 Kuwasseg, C. — Chemin conduisant au clos Monthiers ; à la (Croix-en-Brie.
1326 — Plaine de la ferme de Brucle, à la Croix-en-Brie.
1327 Labadens, J.-M — Les Normandes.
1328 Labiche, C.-E. — Dans la forêt de Rambouillet.
1329 Lacazette, Mlle A. — Portrait de Mlle Y. V.
1330 — Portrait de Mlle L.
1331 Lacoste, P.-E. — Le dernier refuge.
1332 Lacretelle, Mlle M.-E. — Inspiration.
1333 — Portrait de Mlle Lucie D.
1334 Lacroix, T. — Une carrière à Clamart.
1335 — L'allée des peupliers à l'étang de Chaville.
1336 Lafond, A. H. C. — La conversation.
1337 Lagarde, P. — Le blessé.
1338 Lagercrantz, Mlle A. de. — Port. du vice-amir. de Lagercrantz.
1339 Lagrost, M. — Chrysanthèmes.
1340 Lahaye, A.-M. H.C. — Jésus et la Samaritaine.
1341 — Portrait de M. O. C.
1342 Laine, V.-A. — La première position ; étude de nègre.
1343 Laissement, A.-H. — Le père Charles.
1344 — Portrait de Mme ···.
1345 Lajaumont, M. de. — La Creuse au pont de Crozant.
1346 Lalire, A. — Les Sirènes au repos.
1347 — Les Sirènes à l'affût.
1348 Lalobre, A. de. — Maisons du Méris, à Aubusson.
1349 Laloge, Mme F. — Fleurs.
1350 Lamare, E.-A. – Portrait de M. le général de la Hayrie.
1351 Lambert, A.-A. — Portrait de M. G. P.
1352 — « Seule au rendez-vous ! »
1353 Lambert, E.-A. — La Sarthe près Presnay-sur-Sarthe ; crépusc
1354 — La vallée de l'Huisne, près Condé (Orne).
1355 Lamm, I. — Paresse.
1356 Lamy, P.-F. — Rêve d'été.
1357 Landelle, C. H.C. — Jérusalem ; effet de lune.
1358 — Fleurs de France ; Alsacienne.
1359 Landelle, G. — Libellule.
1360 Landre, Mlle L.-A. — Le repos du modèle.
1361 — Un doux souvenir.
1362 Langhard, A. — Flore.
1363 Langlois, Mlle C. — Portrait d'Othilde.
1364 — Ateliers de planeurs.
1365 Langlois, P. — Le chemin de halage ; souvenirs des bords du (Loing.
1366 Langlois, Mme J.-C. — Portrait de Mlle G. C.
1367 — Portrait de M. F. D.
1368 Langlois, H. — Portrait de Mme L.
1369 — Portrait de Mme G. P.

1370 Lansyer, E. H.C. — La Loire à Saumur (Maine-et-Loire).
1371 — Le château de Loches ; aile de Charles VII et la cour (d'Agnès Sorel.
1372 Lapeyrière, P.-E. — La plage à la Teste ; bassin d'Arcachon.
1373 Laporte, M. — Les buttes Montmartre.
1374 — Au bord de la Seine.
1375 Lapostolet, C. H.C. — Rouen.
1376 — Dieppe.
1377 Lapret, P. — Portrait de M. Jean G.
1378 — Portrait de M. Gaston M.
1379 Lara. — Portrait.
1380 Lard, F.-M. — Psyché.
1381 La Rochette, E. de. — Avant la première messe.
1382 Larrue, G. — Le berceau.
1383 — Le chaperon.
1384 Latenay, G. de. — Après-midi d'été, à Concarneau (Finistère).
1385 Laugée, D.-F. H.C. — Encore un printemps.
1386 — Contes du foyer.
1387 Laugée, G. H.C. — Le retour des champs.
1388 — Le repos.
1389 Laurence, Mme A.-D. — La petite ménagère.
1390 Laurence, S.-M. — Une épave.
1391 Laurens, J. P., H. C. — Portrait de Mme H...
1392 — Les Sept Troubadours; fondation des Jeux floraux.
1393 Laurens, J.-J.-P., H C.. — En Cotmat-Venaissin.
1394 — Dernières feuilles; Provence.
1395 Laurens, N.-A. — Nocturne.
1396 Laurent-Gsell, L. — Une leçon de manipulations chimiques à (la Faculté de médecine; pavillon du docteur DeThierry.
1397 — Le collectionneur de timbres-poste.
1398 Laussedat, E. — Chrysanthèmes ; étude.
1399 Lauth, C.-F. — Tête d'étude.
1400 Levalley, A.-C.-L. — Portrait de M. Pierre L...
1401 — Partrait de Mme A. B...
1402 Lavenue. Mlle M.-L. — Au Bas-Chènevières (Seine-et-Oise).
1403 Lavergne, G. — Portrait de « ma petite sœur. ».
1404 — Portrait de Mme C. M.
1405 Lavery, J. — L'automne.
1406 Lavieille, Mme Ferville-Suan, née Marie. — Septembre
1407 Lavieille, Mme M.-A. — Prière pour l'absent.
1408 La Villette, Mme E., H. C.—Effet de soleil, à Quiberon (Morbihan.
1409 Layraud, J., H. C. — Portrait de M. Loubet, sénateur.
1410 — « Le vieux d'Auteuil. »
1411 Lazerges, P. — Un coin d'Algérie.
1412 — Portraits d'enfants.
1413 Leandre, C.-L. — Le banc d'œuvre.
1414 — « Mlle Mélanie. »
1415 Le Baube, V.-H. — Nature morte.
1416 Le Blant, J., H. C. — Le prisonnier.
1417 — Le billet de logement.
1418 Le Ble, Mlle M. — « Pour pendre la crémaillère. »
1419 Leclerc, L.-P.-L. — Le bassin du centre à Honfleur.
1420 Leclercq, L.-A. — Portrait de Mme ···
1421 Fille du peuple.
1422 Leclerc, T. — Dans le Mont-Ussy ; Forêt de Fontainebleau.
1423 — Groseilles.

1424 Lecoindre, E. — Rosita; depart pour le bal.
1425 Lecomte, P. — Un coin de Saint-Servan (Ille-et-Vilaine).
1426 — Un lavoir sur la plage du Prieuré, à Dinard (Ille-et-Vil.).
1427 Lecomte, V.-E. — Sous la tonnelle; effet de lumière.
1428 — Un coin de mon atelier, le soir.
1429 Lecomte du Nouy, J., h. c. — Le dimanche à Venise.
1430 Lecreux, G.-A.-M. — Faune et fleurs.
1431 Lecuit dit Monroy, P. — Portrait de Mme P.
1432 Ledru, L.-L. — La rue du Péry, à Liège.
1433 Lee, W. — La promenade dans le parc.
1434 — L'attente.
1435 Lefebvre, A.-F. — Portrait de M. B.
1736 Lefebvre, G. — Le sculpteur.
1437 Lefebvre, J., H. C. — Lady Godiva.
1438 — Portrait de M. A. F.-G.
1439 Lefebvre, Mlle J. — Portrait de Mme O.
1440 Lefebvre-Lourdet, M. — Hérédité.
1441 Lefranc, R. — Vestibule de la salle des fêtes à la Cour des
1442 Legat, L. — Un vieux moulin; effet d'orage. (comptes.
1443 Le Gout-Gerard, F.-M.-E. — Concarneau.
1444 — La rentrée des barques, à Concarneau. (carré.
1445 Legrand, P. — Une leçon de stratégie; attaque du bataillon
1446 Le Grand, P.-E. — Charles de Blois portant les reliques de
(saint Yves.
1447 Legrand, T. — Fin d'automne; le sentier de l'étang Schnetz,
(à Flers (Orne).
1448 Leguay, C.-H. — Service en campagne; dragons.
1449 Lehideux, P.-E. — Dans la lande; Bretagne. (Miséricorde.
1450 Lehoux, P.-A.-P., H. C.—Le Christ accueillant les ouvriers de la
1451 Leigh, Mlle R. — Lisière de Bois; novembre.
1452 — Matinée de Juillet; côtes de Cornouailles.
1453 Lejeune, A.-F. — Le matin, à Veteuil (Seine-et-Oise).
1454 Leleu, C.-E. — Le soir, à Gonesse (Seine-et-Oise).
1455 Leleux, A., H. C. — Une conférence; Bas-Meudon.
1456 — Les crèpes; Basse-Bretagne.
1457 Le Liepvre, M. — La Loire.
1458 Leloir, A. H, C. — Les Fées; conte de Perralt,
1459 Leloir, M. — Protestants fugitifs; révocation de l'Edit de
1460 Lemaire, L. — Bouquet de fleurs. (Nantes (1685).
1461 Le Mains, G. — Le jour de la première communion.
1462 Lemaitre, G. — Au travail; graveur en bijouterie.
1463 Le Marie des Landelles, E. — Poulhanol.
1464 — Les marais du Faou (Finistère).
1365 Lematte, J.-F.-F., H. C. — Saint Vladimir et sainte Olga aux
(pieds de la Vierge; peinture décorative.
1466 — Portrait de Mme de ···.
1467 Le Mayeur, A. — Le chenal d'Heyst, à marée basse.
1468 — « Echoué. »
1419 Lemenorel, E.-E. — La prière pour l'absent.
1470 — L'atelier de Saint-Joseph.
1571 Lemeunier, B, — Portrait de M. H. Cain.
1472 Lenoir, C.-A. — Portrait de Mme Fontaine.
1473 — Siréne·
1474 Léonard, E. — A la Villette.
1475 Le Poittevin, L., H. C. — Les toiles d'araignée.
1476 Le Quesne, F. — La légende de Kerdec.

1477 Le Roux, C.-M.-G.. H. C. — Le petit ruisseau des Saules, au (Soulliers.
1478 — Les Fonds. en Vendée.
1479 Leroux, C. — Paysans bas-normands.
1480 Leroux, E.-E. — Portrait de M. A. L.
1481 Le roy, C. — Fleurs.
1482 Le Roy, H. — Plage de Wacqueville, près Cherbourg.
1483 — Plage de Landmer, près Cherbourg; effet de brouillard.
1484 Leroy, P.-A.-A., H. C. — Les aveugles de Jericho.
1485 — Le lit de l'Oued, à Biskra (Algérie).
1486 Le Roy-d'Etiolles, Mme A. — Le dimanche.
1487 — Portrait de Mme ***, en Diane.
1488 Le Sénéchal de Kerdreoret, G.-E. — L'équinoxe.
1489 — A Cancale; chercheuses d'huitres.
1490 Le Sidaner, H.-E. — Aux champs.
1491 — La rentrée du troupeau.
1492 Lespinasse, T. — Ruisseau en hiver, à Tassin (Rhône).
1493 Lessore, H.-E. — Embarcadère des bateaux-omnibus, au quai (de la Tournelle.
1494 — Le belvédère des Pins; forêt de Fontainebleau.
1495 Lesur, V.-H. — Portrait de Mme de B.
1496 — Portrait de M. M. Caplain.
1497 Letourneau, L.-A. — Automne.
1498 — Portrait de M. ***.
1499 Leveille, A.-H. — Maisons abandonnées à Carolles (Manche).
1500 Le Villain, A.-E. — Matinées de juin.
1501 — Ilots de Vaux-la-Reine.
1502 Lévis, M. — Les palmiers géants de la prison d'Elche; Alicante.
1503 — La Seine, au barrage d'Evry.
1504 Lévy, E. H. C. — Silène.
1505 — Portrait de Mlle L. L.
1506 Lévy, H.-L. H. C. — La liberté.
1507 Levy, B.-J. — Intérieur d'atelier.
1508 Leydet, V. Genre.
1509 — Portrait.
1510 Leyendecker, P.-J. — Étude.
1511 Lhomme, V. — Portrait de M. P.
1512 Lhuer, G. — Au coin du feu.
1513 Liautaud, M.-J.-B. — Portrait de M. B.
1514 Liard, A. — Matin; dans la vallée d'Etampes.
1515 Liardo, F. H. C. — Portrait de M. Hivelin.
1516 — Portrait de l'auteur.
1517 Licourt, P. — Une clairière en novembre.
1518 Liebert, E.-M. — Dans la fumée.
1519 Lindley, F. — Dans les bois de Garches. (Seine-et-Oise).
1520 Linguet, H. — Les bords de la Marne à Lagny (Seine-et-Marne).
1521 Liot, P. — Le vieux moulin du Hâble (Manche).
1522 Lix, F.-T. H. C. — Portrait de Mlle M.
1523 — Mœurs des Gaulois du Rhin.
1524 Lize, C. — L'appareillage au matin.
1525 — Brise du soir.
1526 Lobrichon, T. H. C. — Voisins.
1527 — Renée***.
1528 Loewe-Marchand, F.-A. H. C. — Portrait de Mlle ***.
1529 Loire, Mme Marie. — La bouquetière.
1530 — Portrait de Mlle P. L.
1531 Loisel, G. — Canal de la Boucherie, à Corbeil.

1532 Lombard, G. — La Meuse, à Noncourt ; Vosges.
1133 Lomont, E.-M.-J. — Un alchimiste.
1534 Longsatff, J. — Portrait de Mme L.
1535 Lopisgich, G.-A. — Anémones.
1536 — Coquelicots.
1537 Loppé, G. — Vallée de Zermatt en hiver.
1538 Lotus, G. — « Evohé .»
1539 — Chrysanthèmes.
1540 Loubère, J. — Dans la ferme.
1541 Louchet, P.-F. — La petite île, à Herblay (Seine-et-Oise).
1542 Loustau, J.-L. — L'incognito.
1543 — La sieste.
1544 Louvet, H.-V. — Entre deux ondées ; étang des Moulineux.
1545 — Le ruisseau de Fenestre, le matin, à la Bourboule.
1546 Lubin, J. — L'amateur de roses.
1547 Lucas, F.-H. H.C. — Soir de fête.
1548 — Portrait de Mlle Lise et de M. Georges A.
1549 Lucas, P. — Portrait de Mlle de J.
1550 — Portrait de M. G. B.
1551 Luminais, E. V. H.C. — Rapt.
1552 — Retour d'un enfant prodigue.
1553 Luminais, Mme H.-V.-C. — Le rêve de Psyché.
1554 Lunois, A. — Femmes arabes battant du blé.
1555 — Au pré.
1556 Lutscher, F. — Un soir d'hiver au bord de l'étang.
1557 Luseau-Brochard, F.-A. — La procession des Rogations chez les capucins.
1558 Lynch, A. — En mer.
1559 — Portrait de Mme la comtesse de B.
1560 Mac-Ewen, W. H. C. — L'absente.
1561 Machard, J. H.C. — Portrait de Mlle E. P.
1562 Mackay, Mme B. — Jeune fille peignant à l'aquarelle,
1563 Magaud, D.-J.-B.-A. H.C. — Un baiser à la glace.
1564 Maglin, F. — La Galerie d'Appollon, au Louvre.
1565 Magne, A. — Poissons.
1566 Magne, A. — Gibiers.
1567 Maignan, A. H. C. — La naissance de la Perle.
1568 Maigret, G.-E. — Déchargement de charbon.
1569 — Barques de pêche; Trouville.
1570 Maillard, D.-U.-N. H. C. — Jeanne d'Arc et les voix célestes : (saint Michel, sainte Marguerite et sainte Catherine
1571 — Les enfants aux poussins.
1572 Maillard, E. — A la côte.
1573 Maillol, A. — Portrait de Mlle Jeanne Farraill.
1574 Maincent, G. H.C. — Un soir à Port-Marly.
1575 — Dans l'île de Croissy.
1576 Mairet, Mlle M.-F.-E. — Novembre.
1577 Maisiat, J. H.C. — Sous un prunier.
1578 — Bouquet de roses.
1579 Maistre, L. — Portrait de M. Roussel.
1580 Malbet, Mlle L. — Le vieux chat et les rats.
1581 Malçay, A. — Légende de saint Hubert.
1582 Mallet, M.-E. — Portrait de M. le général Y.
1583 Malterre, S.-E.-G. — Nature morte.
1584 Mangin M. — En été, à l'ombre.
1585 Mannoury, A.-A. — Les bords de la Seine ; île saint-Denis.
1586 — Mars ; île saint-Denis.

1587 Marais, A. H. C. — La rentrée à l'étable.
1588 — Un coin de ferme.
1589 Marc-Bonnehee, Mme M. — Nature morte.
1590 Marce, R.-E. — Une rue du vieux Caire ; Egypte.
1591 Marchand, P.-E. — Portrait de Mme de L.
1592 Marcotte, Mlle M.-A. — Une fillette des champs.
1593 Marcotte de Quivieres, A.-M.-P. — Départ pour la pêche à (Grandchamp.
1594 Marec, V. H. C. — La veillée.
1595 — Portrait de M. G. Viardot.
1596 Marechal, G. — Béatrix.
1597 — La Balastière ; Poissy (Oise).
1598 Marechal, O. — Un bouquet.
1599 Marest, Mlle J. — La lettre.
1600 Marie, A. — Le médecin.
1601 Marinier, E. — Vieilles maisons, à Allevard, (Isère).
1602 Marinier, J. — Nature morte.
1603 — Le Bréda, à Allevard (Isère).
1604 Marinitsch, C. de. — Première étude en plein air.
1605 — Etude d'expression.
1606 Mariol, E. — Les Eyzies; fin novembre.
1607 Marks, F.—Barques de Trouville dans la Touque; marée basse.
1608 Marnez, L. — Nature morte.
1609 Maroniez, G.-P.-C. — Octobre.
1610 — Retour des champs.
1611 Marquet, G.-C. — L'adoration des Bergers.
1612 — Le rouet.
1613 Marre, J. L'offrande du dimanche.
1614 Martens, E. — Portrait de « ma mère ».
1615 — Portrait de M. P.
1616 Martin, A.-N. — Portrait.
1617 Martin, E. — Marseille.
1618 — Le relais; Provence.
1619 Martin, H.-J.-G. H.C. — Fleur du mal.
1620 — M. Sadi Carnot, président de la République, à Agen.
1621 Martin, V. — Bras-mort de la Seine, près Saint-Mammès.
1622 Martin-des-Amoignes, P.-L. — Une visite dans l'atelier de (M. Monginot.
1623 Mary, F.-J.—Paysan breton dans sa chaumière.
1624 — Portrait.
1625 Marzocchi de Belluci, N, — Intérieur d'une maison dans la (grande Kabylie (Algérie).
1626 Maso, F. Portrait de Gaston D.
1627 Massaux, L.-C. — Dans la prairie; le matin.
1228 — Dans les polders; le soir.
1629 Massé, J. — Vielle route, à Nanteuil-sur-Marne.
1630 — Saint-Aulde; neige.
1631 Massias, G. — Roseaux et avoines; vallée d'Orsay.
1632 Masson, A. C. — Au pays des Druides.
1633 Masson, A.-E.-F. — Ferme de Mesnilval.
1634 Masson, E.—Gardeuse de vaches; marais d'Herinnes (Belgique).
1635 Masson, G.-H. — La mansarde.
1636 Masure, J. — H. C. — Soir d'été à Wimereux (Pas-de-Calais).
1637 — Mer montante le matin.
1638 Mathewes, Mlle B. — La fille du fermier.
1639 Mathey, S. - Portrait de M. le Dr Foveau de Courmelles.
1640 Mathieu, C-J. — Une clairière; effet du matin.
1641 Mathieu, G. — Matinée de septembre.
1642 Mathieu, Mme M. — Portrait de Mlle Marie A.

1643 Matignon, A. — Sainte-Cécile.
1644 Matisse, A. — Portrait.
1645 Maufra, M. — Fin d'après-midi d'automne, la Haute-Ile, près
1646 — Brume du soir à Nort-House; hiver. (Nantes.
1647 Maurin, C. — Portrait de Mme ***.
1648 — Portrait de M. P. Bouchard.
1649 Mayan, T. — Fin de journée, en Provence.
1650 Mayet, L. — Portrait de M. B.
1651 — Gulliver, à Brobdingnac, assiste à la toilette d'une
1652 Maynard, G.-F. — Paysans hollandais. (dame d'honneur.
1653 Mazard, A.-A.-H. — Fin d'automne, à Cernay.
1654 Meckel, A. de. — Les victimes du désert; Tunisie.
1655 Mege du Malmont, R. — La cigale.
1656 Megret, Mlle F. — Portrait de M. Lucien Paté.
1657 — Portrait de Mlle E.-P. (vence.
1658 Meissonnier, J.-F.—Soirée de décembre, aux Martigues; Pro-
1659 Mejanel, P. — Portrait de Mme M. (au XVIIe siècle.
1660 Melida, E. H. C. — Une procession de pénitents en Espagne
1661 — « Il n'arrive pas. »
1662 Mélingue, G. — La Cigale et la Fourmi.
1663 Mello, A. — Portrait de M. Faria e Maïa.
1664 Melnik, C. — Portrait de Mlle M. D.
1665 Melot, L.-A. — Portrait de « mes parents. »
1666 — Portrait de Mme Lemay.
1667 Menard, L.-L. — A la tombée du jour.
1668 — Portrait de Mme A.
1669 Mencina-Krzesz, J. de. — Portrait de Mme J.-M.-K.
1670 — Près du puits; Pologne russe.
1671 Mengin, A.-C. — Méditation.
1672 Menuz, L. — Femme assise; étude.
1673 Mercier, Mlle L. — Portrait de M. Ch. M.
1674 Merite, E.-P. — Pélerins dans la roche.
1675 — Aire d'autours.
1676 Merlette, C. — La garde du drapeau.
1677 Merlin, V.-E. — Portrait de Mlle Luisita G.
1678 Merlot, E.-J. — La mare aux moutons.
1679 Mertens, C. — Un cabaret; Flandre.
1680 — Portrait de Mme E. T.
1681 Merwart, P. — Portraits des enfants de M. P.
1682 Mery, A.-E. — « Nés en France de parents étrangers. »
1683 Mery, P. — Le pâtureau du Boulet à la Jaudraie; Sologne. (mont.
1684 Mestral-Combremont, V. de. — Portrait de M. Mestral-Combre-
1685 Metivet, L.-F.-M. — Portrait de Mme M.
1686 Mettling, L. — Tête d'homme.
1687 Metzmacher, P.-E. — Portrait de Mlle K.
1688 Meyer, E. — Manège montant le sable sur la falaise à Sainte-
1689 Meyer, G. — Echappé de Terre-Neuve. (Adresse, au Hâvre.
1690 Meyerheim, P. H. C. — Bohémiens.
1691 — Concert d'oiseaux.
1692 Michel, C.-H. H. C. — Portrait de M. le comte de W.
1693 Michelez, L. — Châtaignerie de Chamarande (Seine-et-Oise).
1694 Michel-Lançon, E. — La France appuyée sur la Force, abritée
(par la Paix; l'Industrie moderne, couronnée
1695 Michel-Levy, H. C. Le Satyre. (par le Génie du Progrès.
1696 — Versailles, septembre.
1697 Michel, F. E. — Un village abandonné; Normandie.

1698 Michon, H. — Petite bruleuse d'herbes.
1689 Migl, A. de. — Au musée de Cluny.
1700 — « L'atelier de mon ami Martinet. »
1701 Millochau, E. R. — Un coin de rue.
1702 Millochau, J.-E. — Portrait de Mlle Madeleine C.
1703 Minet, E.-L. — La bonne nouvelle.
1704 Mion, L. — Après déjeuner; intérieur d'atelier.
1705 Miquel, C. — Portrait de Mme M. M.
1706 Miralles, F. — Une plage en Catalogne.
1707 Mirea, G.-D. H. C. Portrait de M ***.
1708 Moisand, M. — Retour de chasse.
1709 — Un bas bleu.
1710 Moisset, M. — L'orage monte sur l'étang de la Bruyère.
1711 — Coin de ferme, au Quesnel (Picardie).
1712 Moisson, R. — Lever de Lune.
1713 — La passerelle des Bordigues, aux Martigues (Provence).
1714 Mols, R. H. C. — M. Carnot, président de la République, passe (en revue l'escadre du Nord, à Boulogne; 3-4 juin 1889.
1715 Montchablon, A. H. C. — Dans l'Est.
1716 — Portrait du vice-amiral V.
1717 Moncourt, A. de. — Solitude.
1718 — Un coin d'église.
1719 Montginot, C. H. C. — Une soubrette Louis XV.
1720 — Un pot-au-feu.
1721 Monier, C. — Un bois d'olivier.
1722 — Le hameau de Laroche (Nièvre).
1723 Monsted, P. — Un jour d'été à Anacapri; île de Capri.
1724 Montholon, F. de. — La lande de Saint-Michel-des-Loups.
1725 — Fleurs de mer.
1726 Moormans, F.-L.-J. — Au piano.
1727 Moreau, A. H. C. — Aux champs, en automne.
1728 — Sur la falaise.
1729 Moreau, C. — La fête du grand-père.
1730 Moreau J. — Convalescence.
1731 Moreau-Deschanvres, A. — Les loisirs du monastère.
1732 Moreau-Neret. — L'Amour nargue Minerve.
1733 Moreau de Tours, G. H. C. — Jeunesse.
1734 — « Les fascinés » de la Charité (1889).
1735 Morel, P.-A. — Idylle sanglante.
1736 Morgan, Mlle K. — Un moment de repos.
1737 — Portrait de Mlle Mary Petrie B.-A.
1738 Moricourt, L, — Fillette à l'oiseau.
1739 Morin, A. — Sacrifice d'Isaac.
1740 Morin, C.-C. — Petit bras de Marne à Saint-Maurice.
1741 Morlon, A-P.-E. H. C. — Bateaux de pêche d'Yport louvoyant.
1742 — Citrons et bigarrades.
1743 Morlot, A.-A. — Un soir d'automne, à Meudan.
1744 — Le repos.
1745 Morot, A. H.C. — Portrait de Mlle M. G.
1746 Moteley, J.-G. — Les choux, à Clécy (Normandie).
1747 — Mauvais temps sur les roches du Vay (Calvados).
1748 Motte, H.-P. H.C. — Louis XVI allant à l'échafaud dans le car-(rosse du ministre des finances.
1749 — Etude.
1750 Mouchot, L. — Portrait d'enfant.
1751 Mouclier, M. — Portrait.

1752 Mouillard, L. — Le comte de Gisors, à la tête de la brigade des (carabiniers, blessé mortellement à la bataille (de Crefeld le 23 juin 1758.
1753 Moullé, E.-A. — Nature morte.
1754 — Paysage.
1755 Mousset, P. — La toilette.
1756 Moutet-Chole, Mme C. — Portrait de Mlle L. C.
1757 Moynier, L. — Fin d'Oise; juillet.
1758 — Jouy-le Moutier (Seine-et-Oise).
1759 Moyse, É. H.C. — Un moine peintre.
1760 — Mandoliniste.
1761 Muller, M.-T. — Portrait de M. E. B.
1762 Muller-Ury. — Portrait de M. Chauncey M. Depero.
1763 Mulot-Durivage, E. — L'étang du moulin.
1764 Munkacsy, M. de H.C. — Plafond pour le musée de l'Histoire de (l'Art à Vienne; allégorie de la Renaissance Italienne.
1765 — Portrait de Mme B., princesse S.
1766 Munier, É. — Anges gardiens.
1767 — Portrait de Mlle O. de P.
1768 Muraton, A. — Portrait de Mme ...
1769 Muraton. Mme E. — Au fond du jardin.
1770 — Sous l'édredon.
1771 Muraton, L. — Portrait.
1772 — Portrait de Mme L.
1773 Nanteuil, P. — La leçon de grand'mère.
1774 — Satyre et bacchante.
1775 Nardi, F. — La rade de Toulon ; effet de mistral.
1776 — Un coin du vieux port, à Toulon.
1777 Nauert, C. — A la cave.
1778 Nel-Dumouchel, J. — Portrait de M. A. Cougny.
1779 Nemoz, J.-B.-A. H.C. — Au bord du gouffre.
1780 — Jésus ressuscitant la fille de Jaïre.
1781 Neymark, G. — Destruction d'une voie ferrée.
1782 Nicolas, A.-J.-M. — Première coquetterie; souvenir de Bretagne
1783 Nicolas, Mme M.-J. — Portrait de M. A. D.
1784 — Vrai bonheur.
1785 Niger, P.-I. — Portrait d'enfant.
1786 Noailly, F. — Salle de dessin de la Société des beaux-arts d'Alger
1787 — « Regarde ! maman, les jolies fleurs. »
1788 Nobillet, A.-M. — Chardons d'automne.
1789 — Chardons sous bois.
1790 Noblot, J.-B. — Fantaisie ; danse d'Espagne.
1791 Noel, H. — Effet de neige; vue prise a la Rochette, près Melun (Seine-et-Marne).
1792 Noir, E. — Une aumône,
1793 Noirot, E. — Les pierrées de l'Orgon à Saint-Maurice (Loire).
1794 Nolliem, A.-F. — Port de Roscoff (Finistère) ; marée basse.
1795 Nonclercq, E. H.C. — L'heure mystérieuse; dolmen de Plouhar- (mel-Carnac.
1796 Noscross, Mlle E. — Portraits de Mlles H.
1797 Normann, A. — Marine ; Norwège.
1798 Nozal, A. H.C. — En août, près la ferme Lécuyer à Etretat.
1799 — Matin d'automne ; bras du Hamel, aux Andelys.
1800 Nugent, Mlle M. de. — Iris.
1801 Ochoa, R. de. — Portrait de M. A. K.
1802 Odier, J.-L. — Les bords de la Loire, à Saint-Maurice (Loire).
1803 — En Touraine ; étude.
1804 Olivé, J.-B. H.C. — Martigues ; côté de l'Etang-de-Berre.
1805 — Le quai de la Fraternité, à Marseille.

1806 Oliveerona, Mlle E. d'. — Portrait de Mlle M.
1807 Olivetti, S. — A la halle aux poissons.
1808 Olivie, L. — Un captif.
1809 Olivier, Mme G.— Panier de pommes et reines-marguerites.
1810 — Branche de cerisier dans le pré.
1811 Ollivier, Mlle L. — Portrait de M. Bochet.
1812 Olsen, Mlle V. — Les camarades.
1813 Olson, C. — Gelée ; effet de nuit en Suède.
1814 — Soleil d'hiver; Suède.
1815 Orange, M.-H. — A la gloire et à l'honneur du 28e rég. d'inf.
1816 Osbert, A. — Martyre du Christ.
1817 Otemar, E. d'. — Le thé.
1818 Ourtal, J. — Portrait de M. C. L.
1819 Outin, P. H.C. — Un grain.
1820 Pacalet, T. — Portrait de M. F.
1821 Pail, E. — « Le Cro du chêne » ; Corbigny.
1822 — L'entrée du pâturage ; Corbigny.
1823 Pailloux, Mlle A. — Nature morte.
1824 — Ustensiles de cuisine.
1825 Palezieux, E.-H.-T. de. — Gaud (sur la falaise).
1826 Pallix, Mme B. — Brebis et agneaux au bercail.
1827 Pape J.-C. — Octobre; environs de Château-Landon.
1828 — Le printemps ; environs de Château-Landon.
1829 Paqueau, G. — Saltatrices.
1830 Paquin, J.-J. — Laveuses, à Cernay ; novembre.
1831 Pardonneau, J. — Aiguière du XVIe siècle.
1832 Paredes, V. de. — Chez André Chénier.
1833 Parfonry, P. — Etude.
1834 Pargon, V.-W. — Défrichage.
1835 — Matinée de printemps.
1836 Paris, A. — Le sucre à Coco.
1837 — Epave.
1838 Paris, C. H.C. — Le troupeau de Valfiore; Italie.
1839 — L'abreuvoir.
1840 Parker, L.-S.-G. — Portrait de M. N.
1841 Parquet, G. — L'emballé.
1842 — Hallali, d'un daguet.
1843 Parrot, P. H.C. — Flore et Zéphire.
1844 — Portrait de Mme R.-B.
1845 Parshall, de Witt. — Portrait de Mme W.
1846 Parsons, A. H.C. — Les ormes.
1847 Parys, A de. — Dans l'atelier.
1848 Pascal-Maubourg. — Prise de corsaire.
1849 Pasquier, A. — Barques au bord du lac de Tunis; étude.
1850 Paterson, J. — L'hiver sur le Cairn ; Ecosse.
1851 Pattein, C. — Bonne nouvelle.
1852 Paul, L.-A.-A. — Portrait de Mme C.
1853 — Portrait de Mme de C.
1854 Paupion, E. — « Le frais Avril ouvrant aux papillons sa porte. »
1855 — Un coin, en Provence.
1856 Paymal-Amouroux, Mme M.-B. — Portrait de Mme ···.
1857 Pecrus, F.-C. — Matinée galante.
1858 — Vaches au bord de l'Allier.
1859 Peel, P. — Après le bain.
1860 — Portrait.
1861 Peixotto, E.-C. — Devant la cheminée.

1862 Pelabon, J.A. — Le Creux-Saint-Georges, près Toulon (Var).
1863 Pelez, F. H.C. — Pauvre enfant.
1864 Pell, Mlle E.-F. — Salomé.
1865 — Portrait de Mme T. (au Val-Pitant (Eure).
1866 Pelouse, L.-G. H. C. — Bords de Seine ; l'île de Tribouillard,
1867 — La Seine, à Poses ; vue du barrage.
1868 Penchaud, G.-C.—Portrait de Mgr Dupanloup, évêque d'Orléans.
1869 Penet, J.-H. — L'improvisation.
1870 Penguern, A. de. — Côtes du Poul-Dû (Finistère).
1871 Penne, C.-O. de. « Les grands chiens blancs du Roy. »
1872 — Chiens d'arrêt ; setter et pointeur.
1873 Penon, E. — Le rêve.
1874 — Gardeuse d'oies.
1875 Penfold, F.-C. — Beau soir.
1876 — Marché d'Etaples.
1877 Pepin, A. — Le Port-Vieux, à Biarritz ; soir d'août.
1878 Pepin, E. — Le chantier du père Gazut.
1879 Peraire, P. — Le marais ; environs de Corbeil.
1880 — Effet de nuit ; grande rue, aux Andelys.
1881 Perdreau, A.-E. — L'aurore ; dunes du Boulonnais.
1882 Perdrielle, C. — Tigresse de Cochinchine.
1883 Perelli, A. — En Lorraine ; portrait.
1884 — En Lorraine ; portrait.
1885 Perrault, H.-P. — A l'écurie.
1886 Perrault, L. H. C. — Vénus.
1887 — Maternité.
1888 Perrée, Mme C.-M.-B. — Portrait de M. A. P.
1889 Perrey, L.-J.-M. — Liseuse distraite.
1890 Perrichon, G. — L'ancien moulin des marais de Mitry, (S.-et-M.).
1891 Perrin, Mlle I.-S. — En Irlande ; étude.
1992 Persson, P.-A. — Jour d'automne.
1893 Pescador-Saldana, F. — Les rochers de la source, à Préfailles.
1894 Peslin, F. — Bretonne dans la serre.
1895 Pesnelle, A. — Usine de Ligny ; atelier du cristal de roche.
1896 Peters, Mlle A. — Novembre ; fleurs.
1897 Petillon, J. — Au mois de mai.
1898 — Le matin aux champs.
1899 Petit-Gérard, P. — En reconnaissance.
1900 — Grandes manœuvres.
1901 Petitjean, E. H. C. — Joinville (Haute-Marne).
1902 — Temps gris en Lorraine.
1903 Petitville, H. de. — Malicorne-sur-Sarthe.
1904 — L'anse d'Anvec (Finistère).
1905 Pezant, A. — La sortie du marais, à Fourges (Eure).
1906 — Les vieilles luzernes.
1907 Pfrimmer, F.-E. — Portraits d'enfants.
1908 Philippar, Mlle J.-C. — Frédégonde.
1909 Pibrac. G.-M.-R. de. — Portrait de Mme la vicomtesse de P.
1910 — Un savonnage.
1911 Picard, E. H. C. — Repos du soir.
1912 — Portrait de « mon père ».
1913 Picou, H.-P. H.C. — Omphale.
1914 Pierdon, A. — Les restes d'un festin.
1915 Pierdon, F. — Un coin de forêt dans l'Allier.
1916 Pierrat, N.-C. — Fleurs.
1917 Pierrey, L.-M. — La nuit de Noël.

1918 Pille, C.-H. H. C. — La messe, à Pavant (Aisne).
1919 Pillini, Mme M. — Le Jeudi saint en Bretagne.
1920 Pinchard, E.-A. — La Lecture de la Bible.
1921 Pinchard, E.-A, — Sur le lac.
1922 Pinel, G. — Le soir.
1923 — Une tente dans l'oasis.
1924 Pinta, H. — Sainte Marthe.
1925 — Portrait de M. G.
1926 Piot, A. — Le bouquet.
1927 Piot C.-E. — Chrysanthèmes.
1928 Piot-Normand, A. — Etude.
1929 Pitard, F. — Portrait de M. le général vicomte de L. de T.
1930 — Portrait de E. F. P.
1931 Place-Canton, P. — Bords de la Meuse, à Anseremme (Belgique).
1932 Pearce, C.-S. — Une veuve.
1933 Plessix, J. — Vallée du Sarthon (Orne).
1934 Pluchart, H. — La moisson à Marquillies.
1935 Poilleux-Saint-Ange, G.-L. — Une prise de voile au couvent
1936 — Apaisement. (de l'Assomption.
1937 Pointelin, A.-E. H. C. — Le Val-Moussu (Jura).
1938 — Chênes des Brutes-Cornes.
1939 Poitevin, F. — Intérieur de cour, à Moret; effet du soir.
1940 Polak, F. — Une rue à la campagne par une nuit d'hiver.
1941 Poli-Marchetti, Mlle A. — Portrait de M. P. M.
1942 Pomey, L. — Un philosophe.
1943 — En méditation.
1944 Pomey, Mlle T. H. C. — Portrait du jeune H. T.
1945 Pompon, P. — Bateaux aux mouillage, à Cowes (îles de Wight).
1946 Poncet, J.-B. H.C. — Orphée.
1947 Popelin, G. H.C. — Portrait de M. E. d'Argence.
1948 Porcher, C.-A. — Un ravin de la côte de Mustapha ; Alger.
1949 — Les bords de la Marne.
1950 Porgès, Mlle V.-H. — Sur le balcon ; étude.
1951 Portal, L. de. — Les fougères.
1952 Porter, Mlle M. — James Bigwood, M. P.
1953 — Mme Hessenberg.
1954 Postma, G.—Un dimanche dans les champs de tulipes, à Haarlem
1955 Potter, M.— Gamins arabes jouant à la kourah; Laghouat.
1956 Potthast, E. « Pour ses petits enfants. »
1957 Pottier, G. — Mélancolie.
1958 Pottin, L. — Portrait de Mme J. C.
1959 — Portrait de Maurice P.
1950 Poucher, W.-E. — Portrait de jeune homme.
1961 Poujol, P.-L.-M. — Dans la Tourmente des Volupteux, Dante (aperçoit Paolo et Francesca da Rimini.
1962 Pouteau, L. — Passage du saumon, à Montrichard.
1963 Pozier, J. — Les Diziaux.
1964 — Le vieux saule.
1965 Pradelles, H. — Au Castel, à Talence, près Bordeaux.
1966 Presseq, H.-R. — Etude de vache.
1967 Preuschen, Bne H. — « Mors Imperator. »
1968 Prevost, A.-C.-G. — Portrait de Mme C.
1969 Prevost C.-E. — « C'est bon de se reposer. »
1970 Prevot-Valeri, A. — Novembre.
1971 Prevot, Mlle M. — Portrait de Mlle M. R.
1972 Price, J.-M. — Les travailleurs de la mer.

1973 Price Mlle M. — Étude.
1974 Priou, L. — H.C. — « Fermé pour cause de mariage. »
1975 Prunier, G. — Bords de Bièvre.
1976 Przepiorski, L. — Léon Robert Przepiorski.
1977 — La salle des Etats au Louvre.
1978 Puissant, A. — Panneau décoratif.
1979 Puy-Vallée, G. de B. de. — Portrait du vicomte de Damas.
1980 Quentin, R.-E. — Portrait de l'auteur.
1981 Quesnet, J. — Portrait de Mlle A.
1982 Quignon, F.-J. — La moisson.
1983 Quinet, C. — Les bords de la Seine à Port-Marly.
1984 Quinsac, P. H C. — Portrait de Mme L.
1985 Quintard, L.-C.-J. — Port de Pornic ; marée basse.
1986 Quinton, C. — La plaine de Bonneuil, au soleil couchant.
1987 Quost, E. H.C. — Fleurs de Pâques.
1988 Rabache, J.-L. — La veille de l'examen.
1989 Rachou, H. — Portrait.
1990 — Portrait de Mme ···.
1991 Ragot, J. — Portrait de Mme S.
1992 Ralli, T. H.C. — La prière avant la commun. à Mégara (Grèce).
1993 Rambaud, A. — La Névourie, à Carolles (Manche).
1994 Rameaux, J. — Portrait de M. Séguin.
1995 Ramsay-Lamont, Mlle L. — Etude.
1996 Rapin, feu A. H.C. — Le sentier ; Orsay.
1997 — La prairie ; Doubs.
1998 Rappard, Mlle C. de. — Portrait de « ma mère ».
1999 Ravanne, L.-G. — La pointe de la Hève, le soir.
2000 — En moisson.
2001 Ravaut, R.-H. H.C. — Dans la Sierra ; contrebandiers.
2002 Ravier, Mlle J. — Benoît le vieux savetier.
2003 Raymond, M.-G. Le village de la Noe ; Bretagne.
2004 — Brumes du soir au lever de la lune.
2005 Raynaud. A. — Cuisinière antique.
2006 Real del Sarte, M. M.-M. — Port. de Mme François del Sarte.
2007 — Manon Lescaut.
2008 Realier-Dumas, M. — Enfants nus dans un bateau.
2009 Reaser, W.-A — Portrait de Mme R.
2010 — Attendant pour le bain.
2011 Rebminster, A.-C. — Portrait de Mme ···.
2012 Portrait de Mme F.
2013 Redon, P.-M. — Un chemin à Moret.
2014 — Paysage ; Moret.
2015 Regereau. P.-H. — Un accident dans un cellier.
2016 Rehm, Mlle M.-J. — Portrait de Mlle A. M.
2017 Ried, J.-A. — Une histoire.
2018 Renard. E. H.C. — Le sommeil.
2019 — Portrait de M. L.
2020 Renard, E. — L'automne à St-Cénery ; effet du matin.
2021 Renard-Brault, H.-C. — Les œufs de Pâques.
2022 Renaud, Mme G.-E. — Granville.
2023 Renault, G. — Intérieur de cordonnier.
2024 Renoir, P.-A. — Portraits de Mlles M.
2025 Renou, F.-A. — Le cap Camarat, à Saint-Tropez (Var).
2026 Renouard, A.-E. — Portrait de M. B.
2027 Retru, L. — Forgeron.
2028 Retz, E. de. Paysage ; juin.

2029 Reynaud, F. H.C. — Pêcheurs ; Naples.
2030 Reyzner, M. — Portrait de l'auteur.
2031 Riant, P.-E.— Sœurs.
2032 — Portrait de M. Ferdinand Riant.
2033 Ricci, J. — Portrait.
2034 — La quêteuse.
2035 Richardson, F. — Le bout du village.
2036 Richardson, F.-H. — Une veuve; à l'église.
2037 Richemont, A.-P.-M. de. — Le rêve.
2038 Richir, H.-J.-J. — Portrait de Mme ···.
2049 — Portraits de la famille W.
2040 Richet, L. — Le dormoir de Moret ; forêt de Fontainebleau.
2041 Richomme, J. H.C. — En partie fine.
2042 Richon, Mlle L. — Portrait de Mlle de···.
2043 Richter E. — Les méditations de la sultane Scheherazade.
2044 — Printemps.
2045 Rieder, M. — Cendrillon.
2046 Rifault, Mlle J.-A. — Encore des fromages.
2047 Rigolot, A.-G. — Fin juillet.
2048 — Matinée de septembre dans la vallée de Chevreuse.
2049 Rivière, C.-G. — Beignets et Crèpes.
2050 — « Dans ma cuisine. »
2051 Robaudi, A.-T. — « Miette et Noré. »
2052 Robert, C. — Ferme Deneuve, à Yport (Seine-Inférieure).
2053 Robert, E. — Les vieux oliviers dans la presqu'île St-Jean
2054 Robert, J. — Moine en extase. (Alpes-Maritimes.
2055 Robert-Fleury, T. H.C. — 1889.
2056 — 1789.
2057 Robillard, M. — Pour la mi-carême.
2058 Robin, Louis. — La fête du grand-père ; Mâconnais.
2059 Robinet, P.—Le ravin des Mousses, près Underveliers (Suisse).
2060 — Matinée de printemps dans la vallée d'Engelberg ;
2761 Robinson, T. — Tir à la cible. (Suisse.
2062 Robiquet, Mlle M.-A. — Les cartes ont toujours raison.
2063 Roblot, Mlle H.-L. — Portrait de Mme R.
2064 Rocca, A. de la. — Les châtaigners d'Evisa (Corse) par une belle
2065 Rochegrosse, G. H.C.—Combat de cailles. (journée de décemb.
2066 — Nouvelle arrivée au harem ; Thèbes, XVIIIe dynastie.
2067 Rodrigues, L. — Sans souci ; étude.
2068 Rodriguez, P. H.C. — Le toast de la mariée.
2069 Roger, G.-G. — La fête de la patronne.
2070 Roger, H. — Paolina.
2071 Rogers, S.-D. — Portrait de M. F. W. R.
2072 Rojas, C. — Purgatoire.
2073 Rolshoven, J. H.C. — Une matinée musicale dans l'atelier.
2074 — Après-midi, dans un grenier suisse.
2075 Romani, Mlle J. H.C. — Hériodade.
2076 — Jeunesse.
2077 Rooke, H.-P.-A. du Buisson.—Chargement de varech ; Bretag.
2078 Rose, G. — Lutin.
2079 — La ménagère.
2080 Roszmann. Mlle A. — Portrait de Mme B.
2081 Rothlisberger, W. — La vieille servante.
2082 Rosier, A. H.-C. — Entrée du Grand-Canal, à Venise.
2083 Rouby, A. — Table de cuisine ; nature morte.
2084 — Fleurs.

2085 Rouffet, J. — L'estafette.
2086 Rouffio, P. — Une danseuse.
2087 — A la mi-carême.
2088 Rouillé, L. — Un coin de ferme.
2089 Roullet, G. — La ville de Nouméa en 1889.
2090 — L'« Australien » sortant du port de la Joliette à Mars.
2091 Roullier, C. — Chemin creux en Forez.
2092 — Poseuses.
2093 Rousseau, E. — Une indigestion.
2094 — Dans le cellier.
2095 Roussel, C. — Chercheuses de vers à marée basse ; Berck-s-M.
2096 Roussel, G.-F. — Portrait de M. G. de V.
2097 Rousselin, J.-A. — La petite bûcheronne.
2098 — Portrait de M···.
2099 Roy, F.-E. — « Butum bad. »
2100 Roy, M. — « Journée finie. »
2101 — Le Fourbisseur.
2102 Roy, P.-R. — Dalécarlienne.
2103 Royer, C. — Portrait de Miss O'Dea.
2104 Royer, H. — Le vagabond.
2105 — Le coin du feu.
2106 Royer, L, — Portrait de M. le comte Gaston d'Adhém. de Gransac.
2107 — Combat de Goldberg ; — 23 août 1813,
2108 Rozier, D., H. C. — Un coin de sacristie.
2109 — Fleurs, aiguière, etc. ; Musée du Louvre.
2110 Rozier, R. — Portrait de M. E. L.
2111 Rozier-Vaulinden, Mlle G. — Fleurs de pavots.
2112 Rudaux, H.-E. — Bateaux pêcheurs de Granville ; le soir.
2113 Ruch, J., — Après l'école.
2114 Ruel, L., H. C. — Pierrot.
2115 Russ, F. — Sapho.
2116 — Sainte martyre.
2117 Ryder, H. O. — La vallée de l'Yvette, l'hiver.
2118 Sabattier, L. — Portraits de MM. A. et B.
2119 Sage, J.-A. — Intuition.
2120 Saint-Blancat, J.-P. — L'atelier.
2121 — Portrait de l'auteur.
2122 Saint-Germier, J. — Sur les galeries de Saint-Marc, à Venise.
2123 — Une porte de Saint-Marc, à Venise.
2124 Saint-Maur, A.-E. de. — Les sables de Deauville.
2125 — Le vieux moulin, à Cayeux (Somme).
2126 Saint-Mezard, M. — « Influenza » ; convalescence,
2127 Sain, P.-J.-M., H. C. — Matinée de septembre sur la route de
(Villeneuve-lès-Avignon ; environs d'Avignon.
2128 — Matinée de novembre, à Saint-Cénery-le-Géret ; envi-
2129 Saintin, J.-E., H. C. — Rêverie. (rons d'Alençon.
2130 — Miss. B. B.
2131 Saintpierre, G.-C., H. C. — Portrait de Mme C.
2132 — Portrait de Mlle H. H.
2133 Sala, E., H C.. — Une cigale.
2134 — Ecole buissonnière.
2135 Salgado, J.-V. — Orpheline.
2136 — Vieillesse ; intérieur d'église abandonnée en Bretagne.
2137 Salinas-Teruel, A. — Dante et Virgile rencontrent Mathilda au
2138 Salinas-Teruel, J. — Le printemps. (Purgatoire.
2139 Salle, P. — Les deux frères ; nature morte.

2140 Salles-Wagner, Mne A. — Doux rêve.
2141 — Anges gardiens passant par l'église San-Marco.
2142 Samaran, U-M. — Retour de l'avenue du Bois.
2143 Sambourg, A.-L. — Antiquités.
2144 Sandier, A. — La Céramique; modèle d'un panneau de faïence
(exécuté par la manufacture de Sarreguemines,
2145 Sang, F.-J. — Gros temps; rochers de Corbière (île de Jersey).
2146 Santa-Maria, A. de — Portrait.
2147 Sauber, R. — L'Amour.
2148 Saubes, D.-L. — Portrait de Mme ···.
2149 Saunier, feu N. — Le port de Grolée; bords du Rhône.
2150 — Le marché des dindons, à Morestel (Finistère).
2151 Sautai, P.-E., H.C. — Méditation.
2152 Sauvage, H. — Portrait de M. F. B.
2153 Sauvaige, M. — Le port de Camaret (Finistère).
2154 Scaroni, J. — Portrait de M. S. (île Saint-Denis).
2155 Sauzay, A.-J. H.C. — Les lavoirs bleus, à Villeneuve-la-Garenne.
2156 — L'étang de Villiers; Sologne. (Panthéon.
2157 Scalbert, J. — La vaccination gratuite à Paris, mairie du
2158 Schaeck, A.-C. — Environs de Berck-sur-Mer.
2159 Schenck, A.-F.-A., H. C.. — Les survivants du troupeau ; souvenir
2160 Scherrer, J.-J. — Duval d'Esprémenil. (de l'Auvergne.
2161 Schjerfbacke, Mlle E. — Matin. (Lonstrup (Danemark).
2162 Schjelderup, L. — « Smede-Jens », le vétéran des pêcheurs de
2163 Schmitt, P.-L.-F. — La route de Châtillon, après la pluie.
2164 — Les coteaux au-dessus de Lozère (Seine-et-Oise).
2165 Schoeffel-Deniel, E. — « Quand vient la nuit. »
2166 Schommer, F., H. C. — L'Alsace; panneau décoratif destiné à la
2167 — Portrait de M. E. Pasteur. (mairie de Pantin.
2168 Schott, M. — Saint-Germain-des-Prés; chap. de la Compassion.
2169 Schoutteten, L. — Pêche; la nuit.
2170 — Etaples.
2171 Schreiber, C.-B., — Deux braves.
2172 — Hésitation.
2173 Schryver, L. de. — Au marché de la Madeleine.
2174 Schultz, H. — Portrait de M. le Dr Daniel Parenteau.
2175 Schultzberg, A.-L. — Les bords du Loing, à Gretz.
2176 — Fin de journée, à Gretz.
2177 Schulz, A. — A la fontaine des Secrets; chemin de Montigny-
2178 Schutzenheim, Mlle I.-E. de). — Envie. (sur-Loing, à Gretz.
2179 — Repos.
2180 Schutzenberger, R.-P.. — Les loisirs du vieux marin ; souvenir
2181 — Sur la plage. (de S. Briac.
2182 Schutz Robert. — Portrait.
2183 Schwartze, Mlle T. — « Le père était pêcheur; » costume de
(deuil à l'île de Marken, Zuiderzée (Hollande).
2184 Sébilleau, P. — Dans les bois en avril.
2185 — Lande de l'Amélie, près Soulac (Gironde).
2186 Seignac, P. — La marchande,
2187 — La pie.
2188 Seiquer, A. — Polissons!
2189 — Hors de jeu.
2190 Senet, E.-E. — Portrait de M. Le Bel-Delalande.
2191 Serafon, Mlle A. — Portrait de Miss M.
2192 Serenne, C. — Le bénédicité.
2193 Sergent, L.-P. — Le soir d'une victoire; la Moskova (1812).

2194 Serres, A. — Ballade sentimentale.
2192 Serrier, G. — Le pont de Tora (Morbihan).
2196 — Une rue à Billiers (Morbihan).
2197 Sheppard, H. C. — Le nuage qui passe.
2198 Shonborn, L.-J. — Dans la clairière.
2199 — La nuit dans les champs.
2200 Sichler, L. — Portrait de M. le colonel Ivan Stolbine.
2201 Signoret, C.-L. — Le vieux Mèran.
2202 Signorini, G. — Peintre arabe.
2203 Sigriste, G. — Défilé.
2204 Silvestre, A. — Portrait.
2205 Simon, F. — Coin d'étable; chèvres.
2206 Simon, L. — Chez le pharmacien.
2207 — Portrait de M. C.
2208 Simon, P. — « Ferons-nous bonne pêche? »
2209 Simonnet, L. — Les Loges.
2210 Sinet; L.H.-A,— Portrait de M. Henri B., maréchal des logis.
2211 Singer, Mlle W. — Portrait de M. Félix Barrias.
2212 Sivori, E. — « Alouette de barrière. »
2213 — Près du feu.
2214 SKaıbina, F.. — Cour de ferme en Picardie.
2215 Skrypitzine, O.-T. — Coin de ferme en Auvergne.
2216 Smith, A.-L. — Portrait de M. N.
2217 Smith, Mlle M. — La Marseillaise.
2218 — Portrait de Mlle Alice B.
2219 Sonnier, L. — Au Conquet (Bretagne).
2220 Souhy-Dasque, Mme M. — Tête d'étude.
2221 Souillet, G. — Portrait de M. Ch. S.
2222 — Promenade du soir.
2223 Soulange-Bodin. T.-E. — Il allait, disant : « Suivez-moi. »
2224 Souza-Pinto, J.-J. de. H. C. — Bateau disparu.
2225 — Boudeuse.
2226 Soyer, P. H. C. — Intérieur rustique, à Fresnay-sur-Sarthe.
2227 — Intérieur rustique, à Chanteloup.
2228 Steck, P.-A. — A l'aube.
2229 — Une séance de tir au camp de Satory.
2230 Steinheil, A.-C.-E. H. C. — Le fils du menuisier.
2231 Steinmann, C. — « La corvée de grand-père. »
2232 Stewart, J.-L. — Spring Flowers. »
2233 Stievenart, F. — Le soir.
2234 — Une famille.
2235 Stokes, F. W. — La procession de la Vierge.
2236 Story, J. — Portrait de « mon père. »
2237 — Portrait de Mlle L.-P.
2238 Stott, W. Endymion.
2239 Strickland, C. H. Portrait de Mme ···.
2240 — Portrait de Mlle ···.
2241 Sundberg, Mlle C. — Portrait de Mlle D.
2242 Surand, G. — Vue sur les Halles; côté du pavillon de la (boucherie.
2243 — Le pauvre de la rue du Château-des-Rentiers.
2244 Suykens, H. — La bénédiction.
2245 — Une vocation.
2246 Swan, J. — Un lion mort.
2247 Sylva, F. de. — L'enfant au chevreau..
2248 Sylvestre, J.-N. H. C. Le sac de Rome par les Barbares en 410.
2249 Syndon, M.-L. — Portrait de Mme P.
2250 Taconet, Mlle J. — Un coin abandonné.

2251 Tanguy, E. — Le port Maria à Quiberon (Morbihan).
2252 Tanoux, H.-A. — Lecture en plein air.
2253 Tanzi, L. — Les gorges du Tarn ; Lozère.
2254 — La voie ferrée aux Basses-Loges ; Fontainebleau.
2255 Tapissier, E. — Hélène.
2256 Tattegrain, F. H. C. — Pêcheur à la foène dans la baie d'Authie.
2257 Tauzin, L. — Paris en 1889; vue prise de la terrasse de Meudon.
2258 — Matinée de mai, à Bellevue.
2259 Tavernier, Mme M. de. — « Madame et son chien. »
2260 Tavernier, P. — La fin de la bataille.
2261 Tedesco, Mlle J. de. — Portrait de Renée de Berny.
2262 Tempestini, L.-C.-P. — Les Mesnuls (Seine-et-Oise.)
2263 Tenre, H. — Les bords de la Seine à Fontaine-le-Port.
2264 — Femme et chiens.
2265 Tessier, L.-A. — Marée montante.
2266 Thadome, E. — Portrait de « ma mère. »
2267 Theriat, C.-J. — Bab-el-Msid (vieux Biskra); Algérie.
2268 — Une leçon.
2269 Thévenot, F. — Jardin; étude.
2270 Thibaudeau, J. — Un duel interrompu.
2271 — Un savetier; Auvergne.
2272 Thiollet, A. H. C. — Récolte de moules, à Villerville.
2273 Thirion, E-R. H. C. — Portrait de son Ex. Mgr Place, arche-(vêque de Rennes.
2274 — Portrait de M. P.
2275 Thiroux, H. V. — Martyr obscur.
2276 Thivet, A.-A. — Portrait de M. Daubray.
2277 Thivier, E.-L. — Méditation.
2278 — Dans le jardin.
2279 Tholer, R. — Nature morte.
2280 Thomas, C.-A. — Verger; Calvados.
2281 Thomas, P. — Portrait de Mme ***.
2282 — Portrait de M. le Dr Benoît du Martouret.
2283 Thomas, E. — Le calligraphe.
2284 Thompson, W. — Les peupliers.
2285 Thorel, Mlle C. M. — Portrait de Mme la comtesse de G.
2286 Thorne, W. — « Romance sans paroles. »
2287 Thornam, Mlle L. — Soldat de la garde royale de Danemark.
2288 Thornhill, F.-W. — La veille de la moisson.
2289 Thouzery, Mlle G.-E. — Portrait de M. Tony Révillon.
2290 Thurner, G. — Fruits.
2291 — « L'étendard de Flandre; » azalée.
2292 Thys, G. — Portrait de M. H. D.
2293 Tillier, P.-P. — Baigneuses.
2294 — Cigarette.
2295 Tisseron, J.-A. — Clair de lune en mars au vieux Biskra ; Al-(gérie.
2296 Titcombe, W.-H.-Y. « Primitive methodists »; Saint-Yves.
2297 Tixier, D. — Une bonne histoire.
2298 Tolhurst, Mlle E. — Portrait de Mlle R. B.
2299 Tollet, T. — Portrait de Mme K. V.
2300 Torta, T. — A l'atelier.
2301 — Portrait de Mme L. de L.
2302 Toudouze, E. H. C. Fleur d'automne.
2303 Tourte, L. L. — Portrait de M. T.
2304 Toussaint, A. — Matinée d'été.
2305 — En novembre.
2306 Tragardh, C.-L. — La dernière du troupeau.

2307 Tragardh, Paysage.
2308 Trego, W. T. — Fin de la charge de la brigade van Bredow, à
2309 Tremblay, E. — Etude. (Rezonville.
2310 Trevor, Mlle H. — Portrait de Canon Hilton Green.
2311 — Un déjeuner.
2312 Trezel, L.-A. — Nature morte.
2313 Tribout, L.-M. Servante d'auberge.
2314 Trigoulet, E. — Portrait.
2315 Triquet, J.-O. — Portrait de M. A. O.
2316 — Ennui.
2317 Trizay, Mlle M.-L. de. — Pivoines.
2318 Troupeau, F. — Pavots.
2319 Truesdel. — « Allant au pâturage.
2320 — Moutons au pâturage.
2321 Truphème, A. H. C. — Le jeu à l'école.
2322 — Portraits de Mlles Marthe et Sextia Leidet.
2323 Turber, H.-E. — Prairie, à Maisons-Laffitte.
2324 Turner, Mlle M. — « Premeditazione. »
2325 Tytdgadt, L — Après la messe.
2326 Ulysse-Roy, J. — Seul au monde.
2327 Umbricht, A. — Portrait de J.
2328 — Portrait de Mme ···. (de Jean le Terrible, en 1500.
2329 Urlaub, G. de. — Condamnation de paysans russes sous le règne
2330 Vacha, R. — Portrait de Mme la comtesse de Z.
2331 Valadon, J.-M. H. C. — Pensées douloureuses.
2332 — Portrait du graveur Lévèillé.
2333 Valery-Gautier, A.-C. — L'hiver; étude.
2334 Vallée, L. — Portrait de Mme V.
2335 Vallet, A. — Bouderie.
2336 Vallet, Mme F. Portrait de « ma petite amie Othilde Langlois. ».
2337 Valley, A.-N.-P. — Portrait de Mlle C.
2338 Vallois, P. — Le Faou ; l'été.
2339 — Nemours ; l'automne.
2340 Valloton, F.-E. — Portrait de M***.
2341 Van Beers, J. — Portrait.
2342 Van Biesbroeck, J. — Le lancement d' « Argo ».
2343 Van den Bos, G.-P.-M. — Charité.
2344 — L'héritier.
2345 Van den Eeden, N. — L'œuvre de la « bouchée de pain », à
2346 Van der Meulen, E. — Le relais de la Roche (Bruxelles.
2347 Van Hollebeek, A.-A. — « Non instantané.»
2348 Van Hove, E. — Van Maerlant, poète flamand.
2349 — Portrait de M. R.
2350 Van Parys, Mme L. — Portrait de Mme V.
2351 Varin, A. — Les betteraves.
2352 Vasselon, Mlle M. — Portrait de « ma mère ».
2353 Vasselon, M. — Sara la baigneuse.
2354 Vauthier, P.-L.-L.. — Saint-Denis ; la Fosse-aux-Anglais.
2355 — Au quai d'Ivry, par les hautes eaux.
2356 Vautier, A. — Le matin, à Fresnay-sur-Sarthe.
2357 — Premier printemps. (Marne.
2358 Vauzanges, L.-M.— Un coin de mon jardin à Samois (Seine-et-
2359 Vayson, P. H. C. — Troupeau fuyant l'orage.
2360 — La fenaison.
2361 Vazeille, A.-R. — Le soir.
2362 — Paysage d'hiver.

2363 Veber, J. — Saint-Sébastien.
2364 Velghe, A.-P.-A. — La partie de piquet.
2365 Venault, H.-L. — Retour du marché.
2366 Verdier, J.-V. — Portrait de Mme N. de la T.
2367 Vergesses, J.-B. de. — Village égyptien ; souvenir du Caire.
2368 — Le quai de Boulak, au Caire.
2369 Vergez, E. — Le soir, à Beg-Meil (Finistère).
2370 Verheyden, I. — Rocher, à Namèche (Meuse).
2371 — Le déjeuner.
2372 Versailles, E.-P. — Plage de la Bocca ; Cannes.
2373 Veyrassat, J.-J. H. C. — Les meules de blé.
2374 — Ramasseurs de sable.
2375 Vianelli, A. — Tresseuse de paille ; souvenir de Toscane.
2376 — Portrait de Mlle R. E.
2377 Vibert J.-G. H. C. — Le malade imaginaire.
2378 Villa, E. Fantaisie japonaise.
2379 — Dame; XVIe siècle.
2380 Villebesseyx, Mme J. — Au temps des roses.
2381 — Les dernières fleurs.
2382 Villetard-Wateau, L.-P.-J. Brise-lames ; étude.
2383 Vincent, E. — Portrait de Mme L.-V.
2384 Vincent, Mlle L.-H. — Portrait de M. Félix Paris.
2385 Vinton, F.-P. — Portrait de Mme V.
2386 Voigt, A.— Moutons dans la plaine.
2387 Voirin, J.-A. — Aux grandes manœuvres.
2388 — Le repos des recrues.
2389 Vollet, H. — Musée d'objets d'art français au palais du Trocadéro; Exposition universelle de 1889.
2390 — Portrait de M. Millerand, député.
2391 Vollon, A. H.C. — Don Quichotte.
2392 Vollon, Ant. H. C. — L'été.
2393 — Un coin de cuisine.
2394 Veluzan, P.-L. — Portrait de Mme V.
2395 Vonnoh, R.-W. — « Fais le beau; » portraits.
2396 Vonnoh, R.-W. — Novembre ; paysage.
2397 Vos, H.-M. — Portrait de M. Paul de Cassagnac.
2398 Vuillefroy, F. de. H. C. — Le Gué.
2399 — Taureaux espagnols.
2400 Vuillier, G. — Torrent sous bois.
2401 — Sentier de la Corrèze.
2402 Wagner, F.-A. — Méli-Mélo; nature morte.
2403 Wagrez, J. — Le Décaméron.
2404 — Portrait de Mlle H. G.
2405 Wahl, Mlle R. — Fleur d'été.
2406 — Portrait de Mlle Lucie P.
2407 Waldmann, P. — Ruisseau dans les Vosges.
2408 Wakalopoulos, J. — Etude.
2409 Walden, L. — Bateau de pêche, à Boulogne-sur-Mer.
2410 — Palais de Westminster, à Londres.
2411 Walker, J.-A. — Le lendemain d'une bataille.
2412 — Oublié.
2413 Waller, H.— La partie de bouchon; dragon du premier Empire.
2414 Walleritein, G. — « Cannon-Street station ; » Londres.
2415 — Péniches en réparation; berge de Gennevilliers.
2416 Watelin, L.-N. H. C. — Pâture d'automne ; bords du Loing.
2417 Waret, S. — Coin d'atelier.

2418 Warrener, W.-T. — Le lavoir du village.
2419 Weber, A. — Portrait de M. Mesureur, député de la Seine.
2420 — Portrait de M. Pierre Albert.
2421 Wedder, S. Portrait de Mme ***.
2422 Weeks, Ed. lord. H. C. — Le temple d'Or d'Amritsar.
2423 Weerts, J.-J. H. C — Portrait de M. J. Hugues.
2424 — La Gazette de Cythère.
2425 Weiss, G. — Un coin d'atelier.
2426 — Un armurier; époque de Louis XIII.
2427 Weisser, C.-L.-A. — Soir au champs.
2428 — Nuit d'été.
2429 Weisz, A. H. C. — Corbeille de mariage.
2430 — L'odorat.
2431 Wencker, J. H. C. - Portrait de M. Boulanger.
2432 — Portrait de Mme R. Kœchlin.
2433 Wentworth, Mme C.-E. — Le chapelet.
2434 Wentzel, N.-G. H. C. — Le repas.
2435 Wery E. — Jury.
2436 Westerholm, V. — Paysage en Finlande.
2437 Westman, Ed. — Automne en Finlande.
2438 — Automne en Finlande.
2439 Whistler, J.-M. — Nocturne en bleu et argent.
2440 — Nocturne en noir et or.
2441 Wickenden, R. — Pensées de l'absent.
2442 Wight, M. — Portrait de Mlle H.
2443 — « Le pére Fousco.
2444 Williame, A. — Portrait de Mlle ***.
2445 Williame, P. — Femme épluchant des haricots.
2446 Willems, C. — Portrait de Mme B.
2447 Willems, F. H. C. — Partie de musique.
2448 — Vie champêtre.
2449 Winter, P. de. — Portraits.
2450 Wisinger-Florian. Mlle O. — La basse-cour.
2451 Wislin, C.— Les bords de la Seine, à Porcheville (Seine-et-Oise).
2452 Wolf, Mlle I. — Portrait de Mlle L.
2453 Wood, O. — Les prés-salés de Morseline (Manche).
2454 Wores, T. — Joueuse de Koto ; Japon.
2455 — L'Oratoire de Gogen Sama, à Shiba-Tokio; Japon.
2456 Worms, J. H.C. — Le récit du toréro.
2457 Wrangel, Mme la Csse M. de. — Portrait de M. le Cte.
2458 Wuhrer, L.-C. — Environ de Zermatt ; Suisse.
2459 Wytsman, Mme J. — Novembre.
2460 — Pivoines.
2461 Wytsman, R. — L'automne ; étang de La Hulpe (Brabant).
2462 — Le soir, à Genval (Brabant).
2463 Yarz, E. H.C. — Les Gorges du Tarn.
2464 — Une mare.
2465 Yon, E.-C. H.C. — L'étang de Cernay; fin de journée.
2466 — La Loire à Vouvray.
2467 Yperman, L.-J. — Sainte Cécile.
2468 Yvon, A. H.C. — Portrait de M. Leete.
2469 — Portrait de Mme Languet.
2470 Zacharie, P.-E. — Ophélie.
2471 — Saint-Sébastien soigné par Irène.
2472 Zamacois, M. — Le père Joseph.
2473 Zier, E. — Saint Thomas d'Aquin.

2474 Zillhardt, Mlle J. — L'étude.
2475 — Portrait de Mlle L. M.
2476 Zuber, J.-H. H.C. — Brume du soir; bords du Loing.
2477 — Le ravin; forêt de Fontainebleau.
2478 Zuber-Buhler, F. — Lecture en cachette.
2479 Zuloaga, I. — A la forge.
2480 Zwiller, A. — Une noce, à Didenheim; Alsace.

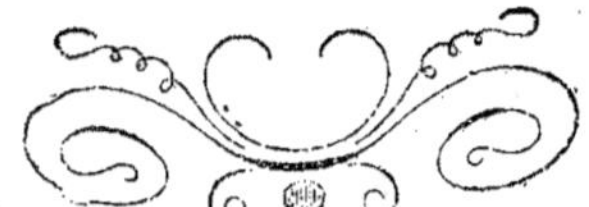

SCULPTURE

3433 Adam, Mlle L. — Le général Bourbaki; buste plâtre.
3434 — Saint Jean-Baptiste; statue, bronze.
3435 Adams, S.-H. — Bacchus enfant; statue, marbre.
3436 — John Marsh; buste, marbre.
3437 Adamson, A. — Un petit service de l'Amour.
3438 Aguirre de Vassilicos, Mme J. — M. le Dr G. Rawson;
[statuette, plâtre.
3439 Aimone, V. — M. Aimone; buste, terre cuite.
3440 Aizelin, E. h. c. — Judith; statue, bronze.
3441 Akermann, W. — Abandonnée; statuette, plâtre.
3442 — Tête d'enfant; buste, marbre.
3443 Albert-Lefeuvre, L.-E. h. c. — « Pour la Patrie » ; groupe
3444 Albisetti, N. — M. T. B...; buste, plâtre. [marbre.
3445 Aldis, Mlle A.-O. — Jenne garçon; buste, plâtre.
3446 Allar, J.-A. h. c. — L'Université; figure, marbre.
3447 — Fête de la Fédération au Champ-de-Mars en 1790; bas-
3448 Alleon, C.-G. — Un relais; bas-relief, terre cuite. [relief plâtre
3449 Allouard, H.-E. h. c. — Carmen; statue, plâtre.
3450 — M. Chauveau, membre de l'Institut; buste, bronze.
3451 André, A. — Lydia la mendiante; statuette, plâtre.
3452 — Mlle Yvonne Hardel; buste, plâtre.
3453 Andriclli de Tarnowskich, Mme N. — M. de D...; buste
3454 — M. de S...; buste, plâtre. [plâtre.
3455 Anfrie, C. — Médaillon, plâtre.
3456 Anglade, A. — M. O...; buste, plâtre.
3457 Angles, J. — Premier triomphe; statue, plâtre.
3458 — Buste, plâtre.
3459 Arnault, A. — Le paysagiste B...; buste, plâtre.
3460 Antonio, V. — Etude; buste, plâtre.
3461 Arragon, A. d' — Tête d'étude; cire.
3462 Arrondelle, E. — Portrait; médaillon, bronze argenté.
3463 Ascoli, J. — Petit pêcheur ardennais; statuette plâtre.
3464 Astanières, E.-C. comte d' h. c. — « Exoriare aliquis nostris
[ex ossibus ultor »; statue, plâtre.
3465 — L'Aube; statue, marbre,
3466 Auban, P. — Mme Vve A...; buste, plâtre.
3467 Aube, J.-P. h. c. — M. Spuller; buste, plâtre.
3468 Aubert, J.-J. — « Fathma, levrette »; bas-relief, plâtre.

3469 Aubert, P. — Mme Bardelle; médaillon, plâtre.
3470 Aubry, Mme M. — Mme E. A...; buste, marbre.
3471 Audiffred, Mlle J. — Gabriel; buste, plâtre.
3472 Aufray, G. — Médaillon; plâtre.
3473 Autenzio, S. — M. A...; buste, plâtre.
3474 Avoine, M. — Portrait de Mme***; buste, plâtre.
3475 Ayettes, Mlle J. des — Portrait de Mme A. R...; médaillon,
3476 Azibert, J. — Mme B. L...; médaillon, terre cuite. [plâtre
3477 Azière, H.-F. — M. R...; buste, plâtre.
3478 Bacquet, P. — M. Pierre Joigneaux; buste, plâtre,
3479 Bacquet, P. — Jeanne d'Arc; statue, marbre.
3480 Baillet, V.-A. — Mme B....; buste, plâtre.
3481 Baillif, L. — Mme B...; buste, plâtre.
3482 Bailly, C. — M. M.,.; buste. plâtre
3483 Bailly, P.-E. — Jeune tireur d'oiseaux; statue, plâtre.
3484 — Yvonne; buste, plâtre.
3485 Bain, G.-M. — M. P...; buste, plâtre.
3486 Balloni, J. — Victor Hugo; buste, plâtre.
3487 Rann'heol, Mlle A.-M. — Mme***; bas-relief, plâtre,
3488 Bapkine, Mlle V. — Le prince R. Giedroy; buste, terre cuite.
3489 Bareau, G.-M, — « Mon ami Finet »; buste, plâtre.
3490 Barrias. E.-L. **h. c.** — Jeune fille de Bou-Saada; cire (pour
[être fondu en bronze)
3491 Bartholdi, F.-A. **h. c.** — Monument funèbre de M. H.
3492 Basly, E. — Dalayrac; buste marbre.
3493 — Mignon; buste, plâtre.
3494 Basset, U. — poësie; groupe, fonte de fer.
3495 Bastet, V.-A. **h. c.** — Pierre Parrocel; buste, marbre.
3496 — Laure; buste, marbre.
3497 Baton, E. — « Mon fils »; buste, plâtre.
3498 Bauwens, J. — « Mon ami A. Vignaud »; buste, bronze.
3499 Bayard de la Vingtrie, P.-A. **h. c.** — S. de Sacy; buste,
3500 Bazor, A.-L. — « Mon neveu »; buste, plâtre. (marbre
3501 Beauvais, J.-B. — M. Pope; buste, plâtre.
3502 Becquet, J. **h. c.** — Source; statuette, marbre.
3503 — Masque; étude, bronze.
3504 Begarie, Mlle R. — Buste; plâtre.
3505 Beguine, M. **h. c.** — David vainqueur; réduction, bronze.
3506 Beinse, A. — M. Alfred Brard; buste, plâtre.
3507 Belin, J. — Mme la baronne de B...; buste, plâtre.
3508 — Tobie.
3509 Belloc, J.-B. — Mme Tallavigne; buste, plâtre.
3510 Belouin, P.-F. — Scène de la vie du Christ; bas-relief, plâtre
3511 Benedick-Bruce, Mme C. — « L'ami de la famille » (singe et
(chats; groupe, plâtre
3512 Benet, E.-P. — M. E. Lepelletier; buste, marbre.
3513 — Réduction de la statue du monument élevé à Rouen à
(la mémoire des soldats du département morts
(pour la patrie en 1870-71; statue bronze
3514 Benoit-Godet, L.-A. — Mlle Noël; médaillon, terre cuite

3515 Berard, L. — Mme E...; buste, plâtre.
3516 — MM. F... et P...; médaillons.
3517 Berges, E.-M. — Salambô; statue, plâtre.
3518 Bernard, F.-B.-E. — M. Debelle; buste, plâtre.
3519 — M. Vaussenat; buste, plâtre.
3520 Bernard, H. — M···; buste, plâtre.
3521 Bernard, L. — Portrait d'enfant; médaillon, plâtre.
3522 Bernard, V. — Mlle Jeanne Antoine; médaillon, marbre.
3523 Bernstamm, L. — M. Floquet, président de la Chambre des (députés; buste, plâtre.
3524 Bernstamm, L. — La Modestie; buste, marbre.
3525 Bernstein, S. — M. Buin; buste, plâtre.
3526 Bert, A. — Transteverin, souvenir de Rome; buste, plâtre.
3527 Berthault, Mme J. — M. et Mme C...; médaillons, plâtre.
3528 Berthet, P. — Mlle Henriette Marceau; buste, plâtre.
3529 Berthoud, P. — M. F. G...; buste, plâtre.
3530 — M. le Dr P...; buste, plâtre.
3531 Bertozzi, — L. M. E. B...; médaillon, plâtre.
3532 Bertrand, L.-A. — Médaillon, marbre.
3533 Beuyssen, C.-E. — M. F...; buste. plâtre.
3534 Beville, P. — Enfant; médaillon, plâtre.
3535 Beylard, L. C. **h. c.** — Taquinerie; groupe, plâtre.
3536 Bianchi, D. — Mme B...; buste, plâtre.
3537 Blanc, C. — M. A. O...; médaillon, plâtre.
3538 — Mlle Lucienne B..., buste, plâtre.
3539 Blanchard, J. **h. c.** — La République; buste, marbre.
3540 Bloch, A.-L. — « Bibi »; chien, terre cuite.
3541 — M. E...; buste, plâtre.
3542 Bloch, Mme E. — « Le rêve »; buste, plâtre.
3543 — Camille Flammarion; buste, marbre.
3544 Bloche, R. — M. A. B...; buste.
3545 Blondat, M. — M. E. Tual; médaillon, plâtre.
3546 Blot, A. — M. J.-B. Collignon; buste, bronze.
3547 Blot, Mlle A.-J. — Mme D...; buste, terre cuite.
3548 Bogdanski, S. Mme F. D...; buste, plâtre.
3549 Bogino, E.-L. — « Lex »; buste plâtre.
3550 Bogino, F.-L. **h. c.** — « Pro Patria »; groupe, plâtre.
3551 Bois, Mlle R. du — M. J. D...; buste, plâtre.
3552 Boisboissel, Mme la comtesse G. de — M. le comte de B...; (député; buste
3553 Boisheraud, statuette bronze.
3554 Boisseau, E.-A. **h. c.** — M. E. Labiche; buste, marbre.
3555 Bonduel, L. — buste, plâtre.
3556 — « Alerte! »: statue, Chr. bronze.
3557 Borde, P. de — M. le baron de Ch...; buste, plâtre.
3558 — Mme la comtesse de La···; buste plâtre.
3559 Borycheski, C. — Lady L...; médaillon, plâtre.
3560 Boucher, A. **h. c.** — A la terre? statue, marbre.
3561 Boue, F. — Deux médaillons, plâtre.
3562 Bouillon, T.-H. — Porteuse aux champs; statue, plâtre.
3563 — Saint-Jean; buste, plâtre.

3564 Bouillot, E. — M···; buste, plâtre.
3565 Boulanger-Boulet, Ch.-E. — « Méditation » ; buste, plâtre.
3566 Bourdelle, E. — M···; buste, bronze.
3567 — Buste, marbre.
3568 Bouret, E. — L'Amour chantant; statue, plâtre.
3569 — Mercure; groupe, bronze.
3570 Bourgeois, M. **h. c.** — Trois portraits; médaillons, bronze.
3571 Bourgeot, J. — Mme M···; buste, plâtre.
3572 — Hermia; statue, plâtre.
3573 Bourgin, G. — Quatre médaillons; plâtre.
3574 Boursier, Mlle T. — Portrait; statuette, plâtre.
3575 — L'Instruction obligatoire; bronze.
3576 Bousquet, G. — Mme la comtesse de C...; buste, terre cuite.
3577 Boutier, E. — Improvisateur; statuette, plâtre.
3578 Bouval, M. — M. Jules Bouval ; buste, plâtre.
3579 — Le jeune Raoul de Sen Miquel; buste, plâtre.
3580 Boverie, E.-J. — M. B...; buste, plâtre.
3581 — Mme M.; buste, plâtre.
3582 Rozzi, L.-H.-A. — Rosella; buste, terre cuite.
3583 Braconnier, A. — Mlle B...; buste, marbre.
3584 — Statuette; marbre.
3585 Bracony, A. — Soubrette, style Louis XVI; buste, plâtre.
3586 Bracony, L. — Amour sur l'aigle; statue, marbre.
3587 Brard, P. — Mme B...; buste, plâtre.
3588 — Tète de République; médaillon, bronze.
3589 Brau, A. — Hélène; médaillon, plâtre.
3590 Breton, P. — M. le Dr G. M...; buste, plâtre.
3591 Bribes, Mlle J. — M···; médaillon, plâtre.
3592 Briden, D. — M. Baillet, de la Comédie-Française; buste,
3593 Briffault, F. — M. J. G...; buste, plâtre. (plâtre.
3594 Briois, G.-J. — Soldat du régiment de Paul, garde imp. russe;
(statuette, bronze.
3595 Brugniot, G.-G. — Mme ··· ; médaillon, terre cuite.
3596 — Mlle M. B... ;médaillon plâtre.
3597 Brunet, Mme C. — Mlle Lucie Raveton ; buste, plâtre.
3598 — Mme Duflot. Buste, plâtre.
3599 Buffon, Mlle N. — M. H. de La Salle ; buste, terre cuite.
3600 Buget, P. — Mlle Marguerite L... ; buste, plâtre.
3601 Burdin, A.-V. — Lucette ; buste, plâtre.
3602 Bureau, L. — Les amoureux transis (lion et lionne); groupe
3603 — La Fierté; buste plâtre. (plâtre.
3604 Bureau. Mme Vve L. — Mlle Marie Nazare-Aga ; buste,
3605 Bussiere, E. — Bluette; figure, plâtre. (marbre.
3606 Cadoux, M.-E. — La coquille; statue, marbre.
3607 — Légionnaire d'Alise ; buste, plâtre.
3608 Cain, A. **h.c.** — Aigle et vautours se disputant un ours mort;
3609 Calvi, P. — G. Garibaldi ; buste, terre cuite. (groupe, plâtre.
3610 Camel, T. — M. de H. ; buste plâtre.
3611 Cammas, J. — Tête d'étude ; buste, plâtre.
3612 Campagne, P.-E.-D. — « Autour du drapeau » ; groupe plâtre.

3613 Cana, F. — Glaneuse ; buste marbre.
3614 Canalle, B. — M. L. ; médaillon plâtre.
3615 Candelon, Mlle M. — Mme H. médaillon, plâtre.
3616 Caniez, B. — Source ; statue, bronze et marbre.
3617 — Cérès ; bas-relief, plâtre.
3618 Capellaro, C.-R. **h.c.** — Destouches ; buste, marbre.
3619 Capellaro, P.-G. — Pêcheur ; statue, plâtre.
3620 Carbonel, A. — M. M. ; buste, plâtre.
3621 — Marie-Louise D. ; buste, terre cuite.
3622 Carillon, P. — M··· ; buste marbre.
3623 Carillon, R.-P. — Mlle Jeanne V. ; médaillon plâtre.
3624 Carion, L.-A. — M. le Dr Bécavin ; buste, plâtre.
3625 Carl, J. — M. Grosjean : médaillon marbre.
3626 Carles, A.-J. **h.c.** — Mme de C. ; buste, marbre.
3627 — Mme Roger-Miclos ; buste, plâtre.
3628 Carlet, G.-J. — Six médaillons ; plâtre.
3629 Carlier, E.-J. **h.c.** — Gilliatt saisi par la pieuvre ; groupe marbre
3630 Carrier-Belleuse, L.-R. — M. Alphand ; buste, terre cuite.
3631 Casini, Mlle A. — Mlle Lucie L. ; buste, plâtre.
3632 — M. Carnot ; buste, marbre.
3633 Casini, E. — Mlle Marguerite P ; buste, plâtre.
3634 Cassas, O. — Mme M. B. ; médaillon, plâtre.
3635 Cetaneo, C. — M. E. Guilbert ; buste, plâtre.
3636 Cauchois, E. — Quartier-maître de la marine ; médaillon (plâtre.
3637 Cellier, A. — Tireur d'Arc ; statuette, bronze.
3638 Ceribelli, C. — Jeanne d'Arc ; buste, bronze.
3639 — Bacchante ; buste, terre cuite.
3640 Ceribelli, Mlle M. — L'Amour captif ; statuette, terre cuite.
3641 Chaignet, E.-A. — M. P. L. ; bronze.
3642 Champeil, J.-B. — M. J. Cabanes, sénateur : buste, plâtre.
3643 Champion, B.-C. — M. Gillot ; buste, plâtre.
3644 Champmas, H. — Deux médaillons ; terre cuite.
3645 Channeboux, A. — Mme C. ; buste, plâtre.
3646 Chanot, Mme E.-S. — L'enfant et le chat ; statue, plâtre.
3647 — Mme F. C. ; buste, plâtre.
3648 Chappuy, V. — Le sergent Hoff ; médaillon, plâtre.
3649 — M. Castagnary ; médaillon, marbre.
3650 Chapu, H.-M.-A. **h.c.** — Monument de Flaubert ; marbre.
3651 — Danseuse ; marbre.
3652 Chardonnet, A. de. — M. le comte de C. ; marbre.
3653 Chardonnet, A. de. — Sérénade ; statuette, plâtre.
3654 Charles, G. — Enfant ; médaillon, plâtre.
3655 Charles, L. — Phryné ; statuette, plâtre.
3656 — Mme Bottomley ; médaillon, plâtre.
3657 Charmeil, Mme M. — Mlle G. M. ; médaillon, plâtre.
3658 Charpentier, F.-M. **h.c.** — Lutteurs ; groupe, plâtre.
3659 — La Chanson ; statue, marbre.
3660 Charrie, L. — M. S. ; médaillon, plâtre.
3661 Charron, A. — Chérubin ; statuette, plâtre.
3662 Chassin, J.-A. — Portrait ; médaillon, plâtre.

3663 Chateaugombert, X. de. — Portrait ; médaillon, plâtre.
3664 Chatillon, A. — M. le baron de Palange ; buste, plâtre.
3665 Chatrousse, E. **h.c.** — La Sainte de la patrie, Jeanne d'Arc;
3666 — « Ma fille » ; buste, plâtre. (buste, plâtre.
3667 Chavalliaud, L.-J. — « Mon père » ; buste, plâtre.
3668 Chemin, J. — Panthère ; plâtre.
3669 Chenu, Mlle M. — Mme ··· ; médaillon, plâtre.
3670 Chervet, L. — Etude ; buste, plâtre.
3671 Chevre, P. — M. M. R. ; buste, plâtre.
3672 Chicot, L. — Tète d'enfant ; buste, bronze.
3673 — Mlle Jeanne Lagelouze ; buste, plâtre.
3674 Choppin, P.-F. — M. René P. ; buste, plâtre.
3675 — Sainte Cécile ; statue, marbre.
3676 Chretien, E.-E. **h.c.** — Guerrier reforgeant son épée ; bronze.
3677 Chretien, Mlle L. — Mme··· ; — médaillon, plâtre.
3678 Christophe, E. **h.c.** — Esquisse pour un monument à Fran-
(çois Rude ; groupe, bronze.
3679 Claraso, E. — Mlle L. Mante ; buste, plâtre.
3680 Clau, A. — Diane ; panneau, bois.
3681 Clausade, L. — Buste Louis XVI ; plâtre.
3682 — « Suzanne à vingt jours », buste, plâtre.
3683 Clausade, F. — M. E. ; buste, plâtre.
3684 Clerget, A. — Trois médaillons ; plâtre.
3685 Cochi, V. — « Mater Dei, ora pro nobis » ; bas-relief, plâtre.
3686 — L'enfant à la toupie ; statue, plâtre.
3687 Colas, C. — Mme B. ; buste, plâtre.
3688 Colle, C.-A. — Orphélie ; statue, plâtre.
3689 — M. Henri de B. ; buste, plâtre.
3690 Collet, C. — Curieuse ; statue, plâtre,
3691 Colombier, Mlle A. — M. Ch. Lalou ; buste, marbre.
3692 — Mlle Francine Decroze ; buste, marbre.
3693 Comolera, P. — M. B... ; buste, bronze.
3694 — « Monarch », chien lévrier de courses : plâtre.
3695 Contini, — « Dedée », type aecréen ; buste, plâtre.
3696 Constantin, G. — Laure ; buste, plâtre.
3697 Corbier, D. — Triomphe de Vénus ; groupe, plâtre.
3698 Corbin, A. — Mme A. G... ; médaillon, plâtre.
3699 Cordier, H. **h. c.** — Ève ; statue, plâtre.
3700 Cornu, V. **h. c.** — « Pro Scientia, Pro patria » : groupe,
3701 — Crépuscule ; groupe, marbre. (plâtre.
3702 Costa, T.-F. d'Araujo — David s'exerçant à la fronde ; statue,
3703 — M. le Dr M. V... ; buste, bronze. (bronze.
3704 Costet, A. — M. B... ; buste, plâtre.
3705 Costet, M. — Buste, plâtre.
3706 Coudray, L.-A. — Salammbô ; statue, plâtre.
3707 Coudray, G.-C. — M. J. B... ; buste, plâtre.
3708 Coudray, F.-L. — Mlle D.., ; médaillon, plâtre.
3709 Cougny, L.-E. **h. c.** — Carnot ; statue, plâtre.
3710 Cougny, Mme J. — Mme M.. . ; médaillon, plâtre.
3711 Coulon, J. — Hébé ; bronze.

3712 Courtat, Mlle A.-C. — M. H. Hiolle; médaillon, bronze.
3713 Coutan, J. **h. c.** — Statue, marbre.
3714 Coutan, Mme L. M. — Mme la comtesse de V; buste, plâtre.
3715 — Mme la comtesse de C.-G; buste, plâtre.
3716 Coutant, Mme N. — Saint-Jean-Baptiste enfant; buste, marbre.
3717 Coutheillas, H. — M. W; buste, plâtre.
3718 Coutin, A. — Mme C.; médaillon, plâtre.
3719 Cranney-Franceschi, Mme M.-J. — Mlle M. L.; buste, cire.
3720 Crauk, G. **h. c.** — M. Gréard, vice-rect. de l'Acad. de Paris; (buste marbre.
3721 — M. le général Derroja; buste, bronze.
3722 Griegel, A. — Mlle M. Y.; médaillon, plâtre.
3723 Crocquefer, E. A. — Lion; étude, cire.
3724 Croisy, A. **h. c.** — Méhul; statue, bronze.
3725 — Mme N.; buste, marbre.
3726 Croizet, H.-E. — M. A. C.; buste, plâtre.
3727 Cros, H. — Amazones, bas-relief, verre.
3728 — Le jeune O. P.; médaillon, verre.
3729 Cullet, A. — M. Frédéric R.; bas-relief, plâtre.
3730 Cuvier-Grover. — Psyché; statue, plâtre.
3731 — Portrait: médaillon, bronze.
3732 Cuzin, H. — Dolorès; buste, plâtre.
3733 Dagonet, E. — La Nuit; statue, plâtre.
3734 — M. M. B.; buste, marbre.
3735 Dallin, C.-E. — « Le signal de la paix, » chef indien de la (tribu des Sioux.
3736 Dame, E. **h. c.** — La Charité recueillant la Vieillesse; groupe (marbre.
3737 Dampt, J. **h. c.** — La fin du rêve; groupe, marbre.
3738 — Fleur du mal; buste, marbre.
3739 Daragon-Laurent, C.-M. Ceide; buste, bronze.
3740 — M. l'abbé Testary; buste, bronze.
3741 Darbefeuille, P. — Mme N.; buste, plâtre.
3742 David d'Angers, R. — Mlle Anais R.; médaillon, bronze.
3743 — Mlle Victorine R.; médaillon, bronze.
3744 Davin, A.-L.-E. — Enfant; médaillon, plâtre.
3745 — Enfant; médaillon, plâtre.
3746 Davray, Mme L. — Le petit B.; buste, plâtre.
3747 Dawant, A. — M. A. C.; médaillon, terre cuite.
3748 — Mme J. R.; médaillon, marbre.
3749 Debert, C. — Le Printemps; buste, plâtre.
3750 — Enfant; médaillon, plâtre.
3751 Debon, A. — Au bord de la mer; statue, plâtre.
3752 Debriege, Mme A. — Portrait de l'auteur; buste, plâtre.
3753 Debut, D. — « Spees; » figure, plâtre.
3754 — Raphaël; buste, marbre.
3755 Debut, M. — Sommelier, xve siècle; statuette, plâtre.
3756 — Watteau; Statuette, bronze.
3757 Decorchemont, E. — M. le Dr Auzoux; buste, plâtre.
3758 Dejean, L.-E. — Mlle C. D., médaillon, plâtre.
3759 Delabriere, E. — Lion du Sénégal; plâtre.
3760 — Lion; plâtre.
3761 Delacour, C. — Portrait; médaillon, plâtre.

3762 Delaplanche, E. **h. c.** — Monum. à la mém, de Mgr Donnet.
3763 — Eve; statue, plâtre. (arch. de Bordeaux; marbre.
3764 Delaroche, Mlle B. — Surprise; statuette, terre cuite.
3765 Delbauve, L.-E. — Portrait; médaillon, plâtre.
3766 Delorme, J.-A. **h. c.** — Pifferaro; statue, bronze.
3767 — Dame du XIIIe siècle; statuette, marbre.
3768 Delorme, Mlle J. « Ursus; » buste, plâtre.
3769 Deloye, G. Sedaine; buste, plâtre.
3770 — La mort du héros Juan Santa Maria; bas-relief.
3771 Delpech, E. Etude; buste, plâtre.
3772 Delperier, G. M. Chanyeuse; buste, terre cuite.
3773 — Mme Chanyeuse; buste, terre cuite.
3774 Delrue, E. Offrande à Bacchus; groupe, bois sculpté.
3775 Delsinne, J. Vieille femme; bas-relief, fer.
3776 Delteil, F. M***; buste, plâtre.
3777 Demaille, L. **h. c.** Jeune fille tressant une couronne; statue,
3778 — Amour; groupe, plâtre. (marbre.
3779 Demange, G. Médaillon, plâtre.
3780 De Meyer, E. Méfiance; buste, plâtre.
3781 Denecheau, S. Etoile, haut-relief, plâtre.
3782 Deplechin, E. Le penseur, statuette, plâtre.
3783 — Fellah; statuette, plâtre.
3784 Derré, E. M ***; médaillon, plâtre.
3785 Derville, J. Mme A. L.; médaillon, plâtre.
3786 Desca, E. **h. c.** Danton; statuette, plâtre.
3787 — Carrier de la vallée d'Ossan (Bass.-Pyr.); statuette,
3788 Descat, Mme H. Mme L.; buste, marbre. (marbre.
3789 Desprey, A. Un rêve, groupe, plâtre.
3790 — M. le D^{r} E, P.; buste, plâtre.
3791 Dessart, E.-E. Un défi; statuette, plâtre.
3792 — Enfant; médaillon, plâtre.
3793 Destreez, J.-C. Saint-Joseph: statue, marbre.
3794 — Une source; statue, plâtre.
3795 Detrier, P.-L. Grande sœur; groupe, marbre.
3796 — Les gaudes, groupe, bronze.
3797 Devaecke, Mme L. Deux portraits; médaillons, plâtre.
3798 — Mlle V.; médaillon, plâtre.
3799 Devaulx, E.-G.-A. Mme D; médaillon, bronze.
3800 Devaux, F.-A. Le Dr Fauvel; buste, plâtre.
3801 Devaux, P. Les orphelins; groupe, plâtre.
3802 Devenet, C. « Pax; » figure, plâtre.
3803 Dolivet, E. La Nuit; groupe, plâtre.
3804 — M. G.; buste, plâtre.
3805 Donati, H. M. Dufort; buste, plâtre.
3806 Douay, M.-C.-A. Feu Mgr Hasley, archevêque de Cambrai.
3807 — Psyché implorant l'amour.
3808 Doublemard, A.-D. **h. c**, le docteur Ricord; buste, plâtre.
3809 — Regnard; buste, plâtre.
3810 Dubois, E.-H. Mlle J. S.; bas-relief, bronze.
3811 Dubois, G. Souvenirs, figure, plâtre.

3812 Dubois, P. h. c. M. L. Pasteur, membre de l'Acad. française (et de l'Académie des sciences; buste, bronze.
3813 Duboscq, C.-A. M. L. D; buste, plâtre.
3814 Dubrax, V.-G. h. c. Dame de la cour au XVIe siècle; buste (plâtre.
3815 Dubucand, A.-E. Amazone; groupe, plâtre.
3816 Ducoudray, Mlle M. Joueuse de lyre; statue.
3817 Ducrot, Mlle F. Etude; buste, plâtre.
3818 Dufour, Mlle E. Enfant; médaillon, plâtre.
3819 Dumilatre, A.-J. h. c. Bertrand et Raton; groupe, plâtre.
3820 Dupuy, Mlle M.-H. Cristina; buste, plâtre.
3821 Durand, L. h. c. Soldat mourant; plâtre.
3822 — La caresse; groupe, marbre.
3823 Durenne, Mlle L. Mlle Antoinette G; buste, plâtre.
3824 Duverger, M.-A. Simple jeunesse; statue, plâtre.
3825 — L'énigme de la Nature; groupe, plâtre.
3826 Emmanueli, P. Les deux amis; buste, plâtre.
3827 Enderlin, L-J. h. c. Médaillon. bronze.
3828 Engrand, G. Le Rêve; groupe, plâtre.
3829 Epinay, P. d'. Mme la baronne Pierre de Bosmelet; buste, (marbre.
3830 Eriksson, C. M. S.; buste, plâtre.
3831 Escoula, J. — La mort de Procris; groupe, plâtre.
3832 Escoula, J.-M. — M. Henri M.; buste, plâtre.
3833 Escudero-Lozano, F.-X. — Tête d'étude; buste, plâtre.
3834 Ewald, Mme S.-E. — Mlle J. D.; M.D.; cires.
3835 — La vierge et les Saints; cire.
3836 Fady, L.-F.— M. Cajani; buste, plâtre.
3837 Fagel, L. h. c. — « Ma fille » ; buste, plâtre.
3838 — M.Gombrich; buste plâtre.
3839 Faivre, F. — Mlle de M.; buste, plâtre.
3840 Falguiere, A. h. c. — Femme au paon; statue, marbre.
3841 — Mlle H., statue, marbre.
3842 Faraill, G. — Enfant; médaillon, bronze.
3843 Fargues, B.-M. — M.le Vte G. de M.; buste, plâtre.
3844 Federspiel, P.— Enfant bandant un arc; statue, plâtre.
3845 Ferigoule, C.-A. — M. M. F.; buste, plâtre.
3846 Fernand-Dubois. — Désillusion ! haut-relief, plâtre.
3847 Ferrand, E.-J.— L'indiscrète; statuette, bronze.
3848 Ferret, Mlle E.-M. — M. A. G.
3849 Ferrières, L.-F.-G. Cie de.—L'heure de l'avoine; groupe, cire.
3850 Figuiera, Mlle M.-E.-M. — Mlle J.; buste, plâtre.
3851 Filleul, C. — M. François Dulac ; buste, plâtre.
3852 Finet, A. — M. le marquis de Monteynard; buste, plâtre.
3853 Fizeliere, Mlle M. de la.— M. Ed. Clerc; buste, plâtre.
3854 Flament, E. — Mlle F.; médaillon, plâtre.
3855 — M. S.; médaillon, plâtre.
3856 Flandrin, A.-H.-L. — Tête d'enfant; médaillon, plâtre.
3857 Fontaine, E. — Mme B.; médaillon, terre cuite.
3858 — « A l'assaut » ; bronze.
3859 Farceville, E. de. — « Ma sœur »; médaillon, plâtre.
3860 Forestier, A.-C. — Un loup de mer; statue, plâtre.

3861 Foretay, A. — « In memoriam »; figure tombale, plâtre.
3862 — Le Printemps; statuette, bronze.
3863 Forgeot, G.-E. — M. E. P. membre de l'Institut; buste, plâtre.
3864 — M. D. L.; buste, plâtre.
3865 Fosse, A. — Alizard ; buste, marbre.
3866 — Mme ···; buste, plâtre.
3867 Fosse, D. — M. le colonel Mouton ; buste, plâtre.
3868 — La fin d'un heros; statue, plâtre.
3869 Fouace, G.-R. — Le dernier sommeil ; figure, marbre.
3870 Fouques, H.-A. — Un festin dans les jungles; groupe, plâtre.
3871 Fouraut, Mme C. — M. X.; buste, bronze.
3872 Fournier, E. — M. le président T., médaillon, plâtre.
3873 Fournier, L.-A. — Bramement du cerf; cire.
3874 Fournier, P. — Idylle bretonne; groupe, marbre.
3875 — Prière à la France; statuette, marbre.
3876 Fournier, P.-E. — Groupe de Zébus ; cire.
3877 Poussedoire E.-J.— M. le Dr Davesnes; buste, terre cuite.
3878 Fremiet, E. **h. c.** — Velasquez; statue équestre, plâtre.
3879 — Ane du Caire; statuette, plâtre.
3880 Frere, J. **h. c.** — Pierre, buste, terre cuite.
3881 Frere, J. **h. c.** — Deux portraits; médaillons, terre cuite.
3882 Fresnaye, Mlle M. — Naïade; bas-relief, plâtre.
3883 — Gardeuses de dindons; statue, plâtre.
3884 Froment-Meurice, J. — M. l'abbé G.; buste, bronze.
3885 — Trois portraits.
3886 Funck-Bretano, Mlle C. Mlle S.; médaillon, plâtre.
3887 — Mme G. M.; médaillon, plâtre.
3888 Fusil, H. Mme F.; médaillon, bronze.
3889 — M. A.; médaillon plâtre.
3890 Gallond, Mlle M.-S. Mme C.; buste, terre cuite.
3891 Galland, Mlle M.-S. Mme Ch. G.; médaillon, plâtre.
3892 Galy, H.-M. M. F.; buste, bronze.
3893 Gardet, G. **h. c.** Souris blanches; marbre.
3894 Gardet, J.-A. **h. c.** Tireur d'arc ; marbre.
3895 — Idylle; bas-relief, marbre.
3896 Gardy, G. Les enfants de M. A.; bas-relief, marbre.
3897 — Sainte Cécile; médaillon, marbre.
3898 Garnier, C.-V.-A. Paul Rousselot; buste, plâtre.
3899 Garnier, G.-A. Le capitaine Raabe; buste, plâtre.
3900 Garnier, J. Amazone combattant; statue, plâtrs.
3901 Gasq, P. M. X···; buste, plâtre.
3902 — M. G.; buste, bronze.
3903 Gate, C.-L. M. le Dr Desplantes; buste, plâtre.
3904 Gaubert, A. M. le Dr L. Soula; buste, plâtre.
3905 — Mme Saurat; buste, plâtre.
3906 Gaudé, P.J. M. Meyronnet; buste; plâtre.
3907 — M. P. G,; médaillon, plâtre.
3908 Gaudez, A. **h. c.** Wateau; groupe, bronze.
3909 Gaulard, F.-E. Feu Elise M.; médaillon, bronze.
3910 — Feu Victorine Weiss; médaillon, bronze.

3911 Gauquié, H.-D. Brennus ; statue, bronze.
3912 — Bacchante et satyre ; groupe, plâtre.
3913 Gautherin, h. c. Avant l'orage; statue, plâtre.
3914 — M. Paul Chenavard; buste, plâtre.
3915 Gauthier, C. h. c. Le matin; statue, marbre. (terre cuite.
3916 Gauttard, A.-L.-G., Mlle Gabrielle Chavignaud; médaillon,
3917 Geoffroy, A.-L.-V. h. c. Lion et lionne; groupe, bronze.
3918 — Tigre et antilope; plâtre.
3919 Gerderès, Mlle H. Buste, plâtre.
3920 — Buste, plâtre.
3921 Germain, J.-B. Printemps; buste, bronze.
3922 — M. E. Vallée ; buste, plâtre.
3923 Gérome, J.-L. h. c. Tanagra; figure, marbre.
3924 — M. L.; buste, bronze.
3925 Gheest, M.-D. de. L'accordée de village; buste, marbre.
3926 Gherardi. Buste, plâtre.
3927 Gilbault, F. Huit portraits médaillons; bronze, argent et
3928 Gilbert, G. M. Bussy; buste, plâtre. (plâtre.
3929 Girardin, E. Mme P. de L.; buste, plâtre.
3930 — Mme B.; médaillon, plâtre.
3931 Giraud, H. Jeanne d'Arc ; statuette, bronze.
3932 Giron de Buzareingues, F.-L. Tête d'étude; buste, plâtre.
3933 Glantzlin, E. Portrait de Mme T. G., médaillon, terre cuite.
3934 Glo-Villeneuve, Mme F. Mme L. Z.; buste, terre cuite.
3935 Godet, H. Portrait de Mme la baronne Lucienne de Quesnoy;
(médaillon, plâtre.
3936 Godfrin, F. Enfant au miroir; statuette, plâtre.
3937 Gontaut-Biron, R. de. Mme B. de B.; buste, marbre.
3938 — M. de B.; buste, bronze.
3939 Gonzalez, S. Etude; statuette, plâtre.
3940 Gossin, L. h. c. Dénicheur d'aigles; groupe, plâtre.
3941 Gouffe, H. Mme G. R.; médaillon, terre cuite.
3942 Goulard, J.-A. Portrait de M. F.. médaillon, bronze.
3943 Gourdel, P. Le comte Baston de Lariboisière; buste, plâtre.
3944 Gourgouillon, H. Mme G.; buste, plâtre.
3945 — M. D.; médaillon, plâtre. (lons, bronze.
3946 Gournay, L. Spadassin; bas-relief, bronze, et huit médail-
3947 — Les premiers pas de l'Amour; bas-relief, plâtre.
3948 Grafly, C. Dédale.
3949 — Saint Jean.
3950 Grandin, L. — Mlle Madeleine D...; buste, marbre.
3951 Greber, H. — Jeanne d'Arc; buste, plâtre.
3952 Grégoire, Mlle A. — Mlle M. L. P...; médaillon, plâtre.
3953 Grégoire, feu L. « nun quam desperandum »; statue bronze.
3954 Grellet, F.-J.-G. — M. G. Bouchet; médaillon, plâtre.
3955 Guéret, D.-D. — M. V. Foulquier; buste, plâtre.
3956 Guerre, A. de — Mme la baronne de N.; buste, plâtre.
3957 — Deux portraits; médaillons, bronze.
3958 Guevillon, Mlle H. — Statuette; marbre,
3959 Guglielmi, V.-T. — Mme Jeanne Buyer; buste plâtre. (plâtre

3960 Guglielmo, L. **h. c.** — Faucheur rabattant sa faux; statue,
3961 — M. le Dr Gordon-Martins; médaillon, bronze.
3962 Guibe, P. — Pétrus Dubief; médaillon, bronze.
3963 Guilbaud, G. — Le peureux; buste, marbre. (marbre.
3964 Guilbert, E.-C.-D. **h. c.** — Portrait de Mme F. H.; buste,
3965 Guillaume, C.-J.-B.-E. **h. c.** — S. M. don Pedro II empereur (du Brésil; buste marbre.
3966 — M. Perrin, membre de l'Institut, administrateur du (Théâtre-Français; buste, marbre.
3967 Guillemin, E. — Champfleury; buste, plâtre.
3968 Guillemin, G. — Mlle***; médaillon, plâtre.
3969 Guillocheau, Mme M. — Mlle G.; buste, plâtre.
3970 Guillon, A.-L. — Thésée terrassant le Minotaure; groupe,
3971 Guillot, A, — Perrette; statuette, plâtre. (plâtre.
3972 Guimbertaud, R. — Sarraud; buste, bronze,
3973 Gwyn-Jeffreys Mlle E. — Médée enchantant le dragon; statue
3974 — Le Menuet; statuette plâtre. (plâtre.
3975 Hainglaise, J.-F, — M. P.; buste, bronze.
3976 = M. Mauriee P.; médaillon, bronze.
3977 Haller, Mme G. — Buste, bronze.
3978 Hamard, E. — Tigre royal; bronze.
3979 Hamel, J.-E. — Deux médaillons; Ivoire.
3980 Hannaux, E. — Le jeune C.; buste, marbre.
3981 Harmens, Mlle A. — Buste, plâtre.
3982 Hasselberg, P. — La petite grenouille; statue, marbre.
3983 — « Amour », marchand de coco; statue, plâtre.
3984 Hayet-Piault, Mme B. — M. H.; buste, plâtre.
3985 Hebert, P. — Pêcheur à la nigogue; statue, platre.
3986 — Famille d'Abenaquis; groupe, bronze.
3987 Hennequin, G.-M. — Mlle Renée Iwil; buste, platre.
3988 — Mme Vve Ricord; médaillon, platre.
3989 Hennequin, L.-S.-A. — M. F. Ravaisson, memb. de l'Instit.
3990 Henriet, L. — Deux médaillons, bronze. (médaillon, platre.
3991 Hercule, B.-L. — Hébé; groupe, plâtre.
3992 — Quêteuse; statuette. plâtre.
3993 HERING, E. — Baigneuses; groupe, bois.
3994 — Amour; statuette, bronze.
3995 Hermant, L.-J., M. Madapolam; médaillon, plâtre.
3996 Heurtebise, L.-E.-O., « Mon père »; buste, plâtre.
3997 Heymann, J., Feu M. S. L.; médaillon, bronze.
3998 Heymann, J., M. A. L.; médaillon, bronze.
3999 Heymann, Mme O., Mme M. M.; plâtre.
4000 — Mlle M. B.; plâtre.
4001 Hingre, L., Grue couronnée; étude, plâtre.
4002 Hingre, L.-T., Marabout; plâtre.
4003 — Eléphant; plâtre.
4004 Hiolin, A. **h. c.**, M. C. G.; médaillon, bronze.
4005 — M. C. B.; médaillon, bronze.
4006 Hirou, E., Feu S. M. dom Luiz 1er, roi de Portugal; buste
4007 — Mme L'H.; buste, plâtre. (plâtre.

4008 Hoegh, N., Dieu des fleuves; statuette, marbre.
4009 — Le Réveil; statuette, terre cuite.
4010 Holweck, L., M·'' buste, plâtre.
4011 Hottot, L., Colombella; statue, plâtre.
4012 Houdain, A. d', Le Réveil; buste. marbre.
4013 — projet de statue, plâtre.
4014 Houssay, F., Uue flûteuse; bas-relief, cire.
4015 Boussin, E.-C., M. J. Morel; buste, bronze.
4016 — M. H. Delahaye; buste, plâtre.
4017 Hugues-Royannez, Mme J.-C., « Mon père » ; buste, plâtre.
4018 Huguet, P., M. et Mme B.; médaillons, bronze.
4019 Huppe, A., M. H. H.; médaillon, plâtre.
4020 Huppe, H., M. Guillard; médaillon, plâtre.
4021 — M. A. R.; médaillon, plâtre.
4022 Icard, H., L'Araignée; statue, marbre.
4023 — C. de V.; buste, terre cuite.
4024 Icard, Mme J., M. L. Guillon; buste, terre cuite.
4025 Imer, Mlle B., Mlle E.-A.; buste, plâtre.
4026 Injalbert, J.-A. **h. c.**, Enfant; buste, terre cuite.
4027 — Gavarni; buste, marbre.
4028 Iselin, H. F. **h. c.**, J.-A. Gauthier-Villars; buste, marbre.
4029 Itasse, A., L'Amour vainqueur, d'après M. Bouguereau; (groupe, marbre.
4030 — L'Amour dominateur; statue, plâtre.
4031 Itasse, Mlle J., Saint-Sébastien; haut-relief, plâtre.
4032 Ivel, K., M. le comte F. de C; buste, marbre
4033 Jacques, E., M, Jacques; médaillon, plâtre.
4034 — Jeanne d'Arc.
4035 Jacques, M.. Un silème; statue. plâtre.
4036 Jacques, P.-N.; Buste, marbre.
4037 Jacquier, C., M. le capitaine Lubineau; buste, plâtre.
4038 Jacquot, C., Jeanne d'Arc; statue, plâtre.
4039 — Bébé au bonnet; étude, plâtre.
4040 Jannot, Mlle J., M. G. M.; médaillon, plâtre.
4041 Jeannin, R., M. de P.; buste, terre cuite,
4042 — M. E. H.; buste, terre cuite.
4043 Jetot-Moliėee, E.-C., Mme Carle Chesneau; buste, plâtre.
4044 — Mme···; buste, plâtre.
4045 Joindy, J., M···; médaillon, plâtre.
4046 Jondet, H.-M., A l'office des Morts; figure, plâtre.
4047 Jorges, A., Mme Caroline J.; buste, plâtre.
4048 Jauanin, C.; Deux médeillons; plâtre.
4049 Jouniau, A., Etude; figure, plâtre.
4050 Jouvray, M., Etude; buste. plâtre.
4051 — Mme S.; buste, terre cuite,
4052 Juillerat, E., Deux médaillons; bronze.
4053 Kautsch, H., Miss Tripp.; buste, plâtre.
4054 Rerveguen, G. de Jeuse chanson; statue, bronze.
4055 Kielland, V., Gamin parisien; statuette, plâtre.
4056 Kinsburger, S., Mme R., buste, plâtre.

4057 Kinsburger, S., La chasse; groupe, bronze.
4058 Klein, M., Mme Dohm; buste, marbre.
4059 — « Ma femme » ; buste marbre. (statuette, plâtre.
4060 Kley, L., Jeanne d'Arc en prison apprenant sa condamnation;
4061 — La Marguerite effeuillée; statuette, plâtre.
4062 Knœflin, E., M. E. H.; médaillon, terre cuite.
4063 Labarre, G., Coquette; buste, plâtre.
4064 Labattut, J. I. h. c., Derniers moments de Caton d'Utique;
4065 — La Sculpture; statue, marbre. (statue, plâtre.
4066 Labouret, Mlle M. de, Petit Italien; buste, plâtre.
4067 Lafont, E. — Enfant jouant avec un lézard ; statue, plâtre.
4068 Lagarrigue, C. — Défense du sol ; statue plâtre.
4069 — La Force ; buste, marbre.
4070 Lagneau, R. M. J.-N. — Buste, plâtre.
4071 Laheudrie, E. de. — Saint-Jean ; buste, plâtre.
4072 — Pastorale ; groupe, plâtre.
4073 Lambert, A. — Nedjibé ; statue, plâtre.
4074 Lambert, A.-L. M. L.-B. — médaillon, terre cuite.
4075 — M. le comte de B ; médaillon, terre cuite.
4076 Lambert, E.-P. — M. le Royer, présid. du Sénat ; buste, pl.
4077 Lambert, F. — Mme***; médaillon, plâtre.
4078 Lambert, L.-E. — Panneau, fleurs ; étude, terre cuite.
4079 Lami, S. — Le Rêve ; masque, plâtre.
4080 Lancelin, Mlle A.-M. de. — Lady L.; médaillon, plâtre..
4081 Laniel, Mlle M. — « Loussou ! » statue, plâtre.
4082 Lanier, E. — M. de S.; médaillon, plâtre.
4083 Lanson, E.-A. — Mlle E.-L.; buste, plâtre.
4084 — M. D.; médaillon, terre cuite.
4085 Lanz, A. — « Excelsis! »; modèle pour l'exécution en marb.
(du monument funéraire de la famille L.
4086 Laoust, Mlle A. — Le jeune J.-D.; buste, plâtre.
4087 Laoust, A. — Pierrot; buste, marbre.
4088 — Sainte-Cécile ; buste, plâtre.
4089 Laporte, E. — La Conscience ; groupe, plâtre.
4090 Laporte, L.-B. — Japonaiserie ; statuette, plâtre.
4091 — Quatre médaillons ; plâtre et bronze.
4092 Larche, R. — Jésus enfant devant les docteurs ; statue, pl.
4093 — Thomas Corneille ; buste, marbre.
4094 Lardillier, A.-E. — M. F. L.; buste, plâtre.
4095 Larroux, A. — Nymphe lutinant un dauphin ; statue, pl.
4096 Latry, Mlle A. — Mme D.; buste, marbre.
4097 — Mme J.-D.; buste, terre cuite.
4098 Laumonnerie, T.-H. — M. P.; plâtre.
4099 Laurent, E. — M. A. Drin ; buste, bronze.
4100 — Jeanne d'Arc ; statuette, marbre.
4101 Laurent, P. — Portrait ; médaillon, marbre ;
4102 — Portrait ; médaillon, marbre.
4103 Lavalley-Creutzer, Mme J.-J. — M. P. C.; bas-relief, plâtre.
4104 — Tête d'enfant ; bas-relief, plâtre.
4105 Lavery, P.-F. — Henri III ; statue, bois.

4106 Lebas, E. — M. J.-L.; médaillon, plâtre.
4107 Lebasnier, F.-A. — M. le Dr O.; médaillon, terre cuite.
4108 Le Bègue, P. — Baudin ; buste, plâtre.
4109 Lebel, F. — Enfant ; buste, marbre.
4110 Leblanc, C. — Le jeune C.; médaillon, plâtre.
4111 Leblanc, Mlle G. — Mme S.; buste, plâtre.
4112 Leblanc, M. — Dans la Savane ; groupe, bronze.
4113 Le Bosse, H.-V.-G. — Cléopâtre ; groupe, bronze.
4114 — M. L. C.; médaillon, plàtre.
4115 Le Bosse-Casciani, Mme L.-A.—M. L. P. et Mme L. M.; mé-(daillon, plâtre.
4116 Le Bourg, C.-A. — M··· ; buste, bronze.
4117 — Statuette, bronze.
4118 Lecerf, E.-L. — Médaillon, bronze.
4119 Leclaire, L. — L'Epée de France ; statue, plâtre.
4120 Leclaire, Mlle M. — Portrait ; médaillon, plâtre.
4121 Leclerc, C.-E. — Taureau des Stiengs du Cambodge, au (Jardin des Plantes ; cire.
4122 Le Cointe, A.-J.-L. — Mme de L. C.; médaillon, marbre.
4123 — Mlle Magdeleine Godard ; buste, terre cuite.
4124 Lecomte, E. — Enfant ; buste, plâtre.
4125 Lecuyer, A. — M. R. V.; buste, plâtre.
4126 Ledevin, E.-R. — M. A. L.; médaille, bronze.
4127 — M. E. P.; médaillon bronze.
4128 Ledevin, Mme E.-M. — Mme ···; médaillon, plâtre.
4129 Ledru, A. — Jeanne d'Arc ; statuette, plâtre.
4130 Lefebre, H. — Portrait ; médaillon, plâtre.
4131 Lefebre, M.-J. — Saint-Thomas d'Aquin ; groupe plâtre.
4132 Lefevre-Deslonchamps, L. **h.c.** — Muse éplorée; statue, pl.
4133 — M. G.; buste plâtre.
4134 Lefranc, G. — Enfant ; médaillon, plâtre.
4135 Legastelois, J.-P. — Portrait de Mme L. J. P.; buste, bronze.
4136 — Trois portraits ; médaillons, bronze.
4137 Legout, A.-E. — Mme H. M.; médaillon, terre cuite.
4138 Legueult, E. — Cinq médaillons, bronze.
4139 — Trois médaillons, plâtre.
4140 Lelièvre, O.-G. — Enfant ; buste, plâtre.
4141 Lemaire, E.-J.-H. — M. E. Aubert ; médaillon, plâtre.
4142 Lemaire, H. **h.c.** — Vénus ; groupe, plâtre.
4143 — Duguesclin ; statue, bronze.
4144 Lemaître, Mme A.-M. — « Pangahia », danseuse javan.; sta-(tuette cire.
4145 Lemaître, Mme E. — « Au coup de fusil » ; groupe, plâtre.
4146 — Jeux de chats ; groupe, plâtre.
4147 Lenormand, J.-P.-A.—Coalteur débarquant du charbon ; sta-(tue; plâtre.
4148 Léonard, A. **h.c.** — Mignon ; statuette bronze.
4149 — Marchande de poissons ; statuette, bronze.
4150 Léonard, C. — « Rose de Mai »; statuette, plâtre.
4151 Léonard, P. — Jeune dame ; médaillon, plâtre.
4152 Leroux, E. **h.c.** — Monument ; deux figures et un buste.
4153 — Mme C.; buste, plâtre.
4154 Leroux, G. — Charmeur ; statuette, bronze.

4155 — M. Etienne, député d'Oran, sous-secrétaire d'Etat (aux Colonies, buste, plâtre.
4156 Leroy, Mlle M. — Baigneuse ; statue, plâtre.
4157 — Une capture, statuette, plâtre.
4158 Lesueur, A. —M. Duremord ; médaillon, plâtre.
4159 L'etourneau, E. — La Ville de Rouen ; statue, pierre.
4160 Leu, M. — Mlle ···; buste, plâtre.
4161 Levasseur, H.-L. **h.c.** — Le premier né ; groupe, plâtre.
4162 — Après le combat ; groupe, marbre.
4163 Le Veel, A.-J.-L. — Mme J.-L.; plâtre.
4164 Lévy, A. — Etude d'enfant ; buste, plâtre.
4165 Lévy, C. — Captif ; statuette, bronze.
4166 — Faneur ; bronze.
4167 Leysalle, E. — Chasseur de renard ; statue, plâtre.
4168 Lienard, E. — Coq ; cire.
4169 Lienard, P. — Mme la Psse de L.; buste, marbre ;
4170 Lippmann, A. — Feu J. S.; buste, bronze.
4171 Loiseau, G. — « Adieu ! »; groupe plâtre.
4172 — Beaumarchais ; buste, marbre.
4173 Loiseau-Rousseau, P. — Crispin ; statuette, plâtre.
4174 Loiseau-Rousseau, P. — Abraham Bullet ; médaillon, plâtre.
4175 Lombard, H. **h.c.** — Etude ; buste, bronze.
4176 — Buste, bronze.
4177 Lormier, E. — Fille d'Eve ; statue, plâtre.
4178 — Incroyable ; statuette plâtre.
4179 Louis-Noël, H. **h.c.** — Moine en prière ; plâtre.
4180 Loyseau, A.-C. — Chien de Saintonge ; étude, plâtre.
4181 Lussy, G. — Les plaisirs de la ronde ; médaillon, plâtre.
4182 Mace, E.-L. — M. le Dr Guignard ; buste, plâtre.
4183 — M. Bardon ; buste, plâtre.
4184 Mac Monnies, F.—Jeune faune avec un héron, groupe, plâtre.
4185 Mac Niel, H.-A. —M. le Dr E. ; buste, plâtre.
4186 Madrassi, L. — Psyché ; statue, plâtre.
4187 — Maternité ; statue, marbre.
4188 Maignan, M. — « Ma mère » ; médaillon, plâtre.
4189 Meignien, Mlle M.-L. L. de P.—Le lieutenant ··· ; buste, plâtre.
4190 — Têtes d'enfants ; médaillon, plâtre.
4191 Maillard, A. — M. l'abbé Delaunay ; buste, plâtre.
4192 — Un vainqueur à la godille (souvenir de Bretagne) ; (statue, plâtre.
4193 Maillot, Mme P. — La Céramique ; haut-relief, plâtre.
4194 — M. le docteur Maillot ; buste, bronze.
4195 Mallat de Basilan. — Enfant ; buste, plâtre.
4196 Manière, E.-D.-M. — Le matin (sursum corda !) ; buste, terre
4197 Marc-Renault, S. —Médaillon, plâtre.
4198 Marcellus, Mme J. — Mozart ; statuette, bronze.
4199 — Deux bas-reliefs, plâtre..
4200 Marcinkowski, L. — L'enfant au coq ; groupe, plâtre.
4201 — M. Paderewski ; médaillon, marbre.
4202 Margerie, C.-M.E.-J. de.—Arbalétrier du XIVe siècle ; statuette, (plâtre.

4203 Marioton, C., H. C. — Clytie; statuette, bronze.
4204 — M. Paul Garnier; buste, terre cuite.
4205 Marioton, E., h. c. — Frères d'armes; groupe, bronze.
4206 — M. le Dr G.-L. Maret; buste, bronze.
4207 Marqueste, L.-H., h. c.—Percée et la Gorgone; groupe, marbre.
4208 Martens, J.-B. — Rêverie; groupe, marbre.
4209 Martin, A.-M. — La tante Toinette; buste, plâtre.
4210 Martin, C.-E. — M. Martin; buste, plâtre.
4211 Martin, E., — M. Edouard Jacquot; buste, plâtre.
4212 Martin, F., h. c. — — Le duc de Padoue; buste, marbre.
4213 Martin, F. — M. R.; médaillon, plâtre.
4214 Martin L. Amour sortant des nuages; groupe, bronze.
4215 — Mme la baronne de C.; buste, plâtre,
4216 Martin, L.-M.-A., h. c. Après la classe; groupe, plâtre.
4217 Martinet, E.-A., Enfant; médaillon, plâtre.
4218 Martens-Rivière, L. Vénitienne; buste, plâtre.
4219 — Guide algérien; buste, terre cuite.
4220 Marty, Mme M.-J., née B., M. A. B.; buste. plâtre.
4221 Masse, C., Buste, plâtre.
4222 Masseau, F.-P., Etude; buste, plâtre.
4223 Masson, C., Cheval et tigre; étude, cire.
4224 — Combat de cerfs; groupe, bronze.
4225 Masson, J.-A.-A.; buste, plâtre.
4226 Masson, J.-E., Taureau; ciré.
4227 Massoulle, A.-A.-P., h. c., Jeanne d'Arc écoutant ses voix; statuette, bronze.
4228 — M, C.; buste, plâtre.
4229 Mathet, I. D., Oréade (nymphe des montagnes); groupe, plâtre.
4230 Mathieu-Meusnier, h. c., Jacques Despars (1380-1437; buste, (marbre.
4231 Mation, Mlle !., « Maman ; statue, plâtre.
4232 — Mlle G.; buste, plâtre.
4233 Maugendre-Villers, E., M. Massé; buste, plâtre.
4233 *bis* — M. Vernus; buste, plâtre.
4234 Mayer, N., Réveil; statue, plêtre.
4236 Mazeron, Mme M., Le jeune G'lbert D.: buste, plâtre.
4237 Megret, L.-N.-A., Buste, terre cuite.
4238 — Cœcilia; buste, marbre.
4239 Menard, L.-H.-A., Mme M. R.; médaillon, plâtre.
4240 Mendes, Mlle L., Portrait; médaillon, plâtre.
4241 Mengin, P.-E., Jeunesse; buste, bronze.
4242 Meugue, J.-M., h. c, Jeanne; médaillon, plètre.
4243 Mercie, A., h. c., La peinture; statuette, marbre.
4244 — Victor Hugo, buste, marbre.
4245 Merel, F., Arrêt! étude de chiens, plâtre.
4246 — M. L.; buste, plâtre,
4247 Mestais, S.. Médaillon, plâtre.
4248 Meteiller, A.-F., Feu Ch. Le Maout; buste, plâtre.
4249 Michel, G., h. c.. David devant Goliath; bronze.
4250 — La Paix; statue, pierre.
4251 Michel. Mlle M., M. le Dr H.; bnste, bronze,
4252 Mièle, E., Mme C.; médaillon, terre cuite.

4253 Millet, A,, **h. c.**, Gay-Lussac; statue, plâtre.
4254 Millet de Marcilly, E., Mme L.; statuette, marbre.
4255 — Catherine II, impératrice de Russie; buste, bronze.
4256 Milliot, A.-F., Le rappel; statue, plâtre.
4257 Minvieillle, Mlle H. de, Mme de Minvielle; médaillon, terre (cuite.
4258 Mitchell. G., Le Printemps; marbre.
4259 — Un botaniste; statue, bronze.
4260 Mojgnez, J.,, Chevrettig et ses petits; groupe, plâtre.
4261 Molay, Mme F.-E. de, Mme E. H. A.; buste, plâtre.
4262 Monbur, J.-O., Mme L. P.; buste, plâtre.
4263 — Une Idylle; groupe. plâtre.
4264 Moncel, A.-E.. Alain Char.ier; statue plâtre.
4265 — Mme F.; buste, plâtre.
4266 Monclos, P.. Génie; médaillon, plâtre.
4267 Moncourt, H. de. Diane; statue, plâtre.
4268 — Mlle Marie-Therèse G.; buste, plâtre.
4269 Monod, Mme A.-B.; Mme Ferd. R.; buste, plâtre.
4270 Montagny, E., **h. c.**, M··.; buste, plâtre.
4271 Montegut, Mlle J. de, Mlle C. V,; buste, marbre.
4272 Mony, A.-S., Sanglier nivernais chargeant; bronze.
4273 — Sainte Geneviève de Juilly; buste, marbre.
4274 Moreau, H., Mlle Marguerite L.; médaillon, plâtre.
4275 Moreau, A., Charmeuse; statuette, bronze.
4276 — Le char de l'Amour; statuette, bronze.
4277 Moreau, F., La Guêpe; statue, bronze.
4278 Moreau, L. Surprise; statuette, bronze.
4279 Moreau, M. **h. c.** « M. le Dr C.; buste, marbre.
4280 — M. D.; buste, plâtre.
4281 Moreau-Vauthier, A.-J. **h. c**· Suppliciée; statue, plâtre.
4282 — M. Lucas; buste, bronze.
4283 Moret, A. M. B.; buste, plâtre.
4284 Moria, Mlle B. Invocation; bas-relief, marbre.
4285 Morice, L. **h. c.** « Gloire à Marceau »; (souvenir de la trans-(lation des cendres de Marceau au Panthéon en 1889); bas-(relief, plâtre.
4286 — Yolande en son castel; statue, plâtre.
4287 Morin, Mlle L. Le Soir; buste, plâtre.
4288 Morlat, H. M. B.; buste, plâtre.
4289 Mortier, P. Cuirassier; bas-relief décoratif, bronze.
4290 Moucheron, E.-L., Vte de. M. de M.; médaillon, marbre.
4291 Moulinier, A. M. K-; buste, bronze,
4292 Muller, Mlle D. Mlle M, de C.; médaillon, plâtre.
4293 Mulleret, D.-L. Mme A. M.; buste, plâtre.
4294 Mulot, A. Armide; figure, plâtre.
4295 — Le Renard et les raisins; groupe, marbre.
4296 Nallet-Poussin, Mme E.-C. Candeur; bas-relief, plâtre.
4297 Naret, G.-L. Mme M. D. buste, plâtre.
4298 — M. Chalon; médaillon, plâtre.
4299 Nathan, Mme C., née Léon. Mlle Suzanne; buste, terre cuite.
4300 — Mme K.; buste, terre cuite.
4301 Naude, H. Graziella; buste, plâtre.

4302 Nazem, Mme C. Mater Dolorosa; médaillon, plâtre.
4303 Nell, S.-W. M. G. ; bas-relief.
4304 Nelson, H. Mlle Brandès ; buste, terre cuite.
4305 — La palme au vainqueur ; statuette, terre cuite.
4306 Nicolas, P.-H. M. N. ; médaillon, plâtre.
4307 Nocq, H.-E. Mlle Chassaing dans « les Bavards »; buste, plâtre
4308 Norbeth, F. M. G. B. ; buste, plâtre.
4309 Octobre, A. Mlle A. P. ; médaillon, plâtre.
4310 Oge, P.M.F. Mme G. ; buste plâtre. (plâtre.
4311 Okolowicz, Mme M.-C. Jeune fille regardant un nid ; statue
4312 Oliva, feu A.-J. **h.c.** M. V. ; buste, marbre.
4313 — Mlle A. L.; buste, marbre.
4314 Onslow-Ford. E. Chameau ; statuette, bronze.
4315 — Tête ; bronze.
4316 Osbach, J. M. B. ; buste, plâtre.
4317 Ouvet, A.-J. M. J. P. ; médaillon, cire.
4318 Pages, E. Mme P. ; plâtre.
4319 Pallu, Mme M. René ; buste, plâtre.
4320 Pander, P. M.A.S.; médaillon plâtre.
4321 Paris, A. **h.c.** M. de Cessac ; buste, bronze. (tuette, plâtre.
4322 Parr, D. Saint-François-d'Assise prêchant aux oiseaux ; sta-
4323 Pasquet, J.-B. La dîme du printemps au monastère d'Oréza
(Valachie) ; bas-relief, plâtre.
4324 Passage, Cte A. du. Au printemps, dans le Boulonais.
4325 Passage, Vte C. du. « La lutte pour la vie, » chiens de rue ;
4326 Pastor, D. M.B.P. ; buste, plâtre. (groupe, plâtre.
4327 Pech, G.-E.-B. Sophocle dansant; statue, plâtre.
4328 Peche, A. Mlle P.-A.-P.; médaillon, plâtre.
4329 Peche, A.-M. Oiseau mort ; étude, cire.
4330 Pechine, A.-M. Mgr Cortet, évêque de Troyes ; buste, plâtre.
4331 — M. Urbain de la Croix ; buste, terre cuite.
4332 Pecou, W.-H. M. Bouvard, architecte ; buste, plâtre.
4333 — M. le Dr O. Foucher ; médaillon, plâtre.
4334 Peene, A. Diane ; statuette, bronze.
4335 — Kreutzer ; buste, marbre.
4336 Pellegrim, G. M. Renault ; buste, terre cuite.
4337 Pelletier, Mlle B. Tête d'enfant ; buste plâtre.
4338 — Mme R. ; médaillon, terre cuite.
4339 Pellier, J.-T. Etude, cire.
4340 Pendaries de Cordes, J. Buste, plâtre.
4341 — Buste, plâtre.
4342 Perrey, L.-A. **h.c.** Trois portraits ; médaillons, bronze.
4343 Perrin, J. Mlle M.P. ; buste, plâtre.
4344 Perrodin, A. M··· ; buste, marbre.
4345 Perrotte, P. Naïde ; statue, plâtre.
4346 Petersen, N. Ismaël ; statue, plâtre.
4347 Petit de Chemellier, G. Retour du bain ; statuette, plâtre.
4348 Pettit, Mme M. M.D. ; buste, plâtre.
4349 Peynot, E.-D. **h.c.** Mlle M.L.; buste, plâtre.
4350 Peyre, R.-C. Jeune fille ; médaillon, terre cuite.

4351 Peyrol, H. Martyr chrétien; groupe, plâtre.
4352 — Protection ; groupe, bronze.
4353 Pezieux, J.-A. h.c. Portrait ; buste, cire.
4354 Philip, A. Cerf ; cire.
4355 Picaud, C.-L. Mme ··· ; médaillon, bronze.
4356 Picault, E. « Le Bourgeois gentilhomme » ; statuette, bronze.
4357 Pierre, L. M.E.D. ; buste, plâtre.
4358 Pilet, L. Jeune Gaulois en vedette ; statue, plâtre.
4359 — Mme Maria B. ; buste, plâtre.
4360 Pigalio, A.-B. Jeune mère et son enfant ; bas relief, plâtre.
4361 Planiolles, H. Buste, terre cuite.
4362 Ple, H.-H. « Strasbourg » ; buste, plâtre.
4363 — « Pardon ! » ; statue, plâtre.
4364 Ple, Mme M. « Mon fils » ; médaillon, plâtre.
4365 Pompon, F. Au marché à Saulieu ; statue, plâtre.
4366 — Cosette ; statue bronze.
4367 Porchée, J.-M.-F. Mme Louise P. ; médaillon, plâtre.
4368 Portalis, C. Mme la marquise des R. ; buste, marbre.
4369 Pouey, L.-E. Portrait ; médaillon, plâtre.
4370 Prevot, E. Jeune pâtre ; statue, plâtre.
4371 Prieur-Bardin, L. M.M.J. ; médaillon, plâtre.
4372 — M.A.D. ; médaillon, plâtre.
4373 Printemps, J. Coquetterie ; statue, plâtre.
4374 Prou, A.-J.-B. Mlle P. ; médaillon, bronze.
4375 Puech, D. La Sirène ; groupe, marbre.
4376 — Mme Constans ; buste, plâtre.
4377 Quervelle, E; M.J.L. ; buste, plâtre.
4378 Queste, L.-M. Dix-huit portraits ; plâtre.
4379 Quinton, E.M.F.H. ; médaillou, plâtre.
4380 — M. F.-R. ; médaillon, bronze.
4381 — Dix-sept portraits ; plâtre.
4382 Raffegeaud, S. M. le docteur Mougeot ; buste, plâtre.
4383 Ragot, L. Enfant ; médaillon, bronze.
4384 Raissignier, E.-P. « En avant ! » ; statuette, plâtre,
4385 Rambaud, P. Muse des bois ; statue, marbre.
4386 — Bayard enfant reçoit sa première épée ; brouze.
4387 Raucoulet, E. M.H.R. ; médaillon, marbre.
4388 Rapetti, J. Enfant ; buste, plâtre.
4389 Rastoux, H. Mlle Marie Bonnet (Cécily) ; buste, plâtre.
4390 Rault, L.-A. Les cinq sens ; cire.
4391 Raynat, E. « Mon ami » ; buste, plâtre.
4392 Raynaud, C. M. N. ; buste, plâtre.
4393 — « Ma grand'mère » ; buste, terre cuite.
4394 Recipon, G. La Harpe et l'Epée, allégorie ; statue, plâtre.
4395 Red, J. La première communiante ; bas-relief, plâtre.
4396 — Dormeuse ; étude, plâtre.
4397 Regnouf de Vains, H. Etalon et jument ; groupe, cire.
4398 Renaudot. J. Diane ; groupe, marbre.
4399 Renevier, G. M. Gaston M. ; buste, plâtre.
4400 Reverdy, J. Mme R. ; buste, terre cuite.

4401 Reverdy, J. Mme H.; buste, terre cuite.
4402 Rhodes, R. M.G.R.; médaillon, bronze.
4403 Richard, F. Diane; buste, marbre.
4404 Riche, E.-E.-F. Combat de tigres de Cochinchine ; cire.
4405 Richer, P. Premier artiste, âge de la pierre taillée.
4406 — M. Jean R. ; buste, plâtre.
4407 Richou, H.-L. M. E. Pezons ; buste, plâtre.
4408 — M.J.E.R. ; buste, bronze.
4409 Riffard, A. Arion ; statue, plâtre.
4410 — Mme Le Breton ; buste, plâtre.
4411 Rimbez, Z. M. T. ; bas-relief, plâtre.
4412 Ritto, G. Eléphant, statuette, plâtre.
4413 Riu, E. Trois portraits ; médaillons, bronze.
4414 — M. Godard ; buste, plâtre.
4415 Rivet, A. Amazone victorieuse ; statue, plâtre.
4416 — M.K.M. ; buste, terre cuite.
4417 Rivière, T.L.A. Appel de l'Elu ; statue, plâtre.
4418 — Toréador écarteur (El capa) ; statue, plâtre.
4419 Robbe, A. Tête d'enfant ; médaillon, plâtre,
4420 Robert, E. Dans les bois ; statue, marbre.
4421 Robuchon, J.-C. M. A. M. F.; médaillon, bronze.
4422 — Mme A. M.-F.; médaillon, bronze.
4423 Roby, J.-J. M. T. R.; médaillon, plâtre.
4424 Roffignac, M. de. Chiens ; groupe, bronze.
4425 — Chien ; bronze.
4426 Rolard, F. **h.c.** M. Alauzet ; buste, marbre.
4427 — Fendeur d'échalas ; statue, bronze.
4428 Rona, J. Faune ; groupe, bronze.
4429 Rothman, E Jeune garçon ; statue, plâtre.
4430 — L. Robert de la Villehervé ; buste, plâtre.
4431 Roufosse, C.-J. Tragédie (Mlle Dudlay, de la Comédie-Fran.); (statue, plâtre.
4432 — M. Daubrée, directeur général des forêts ; buste, pl.
4433 Rougelet, B. Passe-passe ; groupe, plâtre.
4434 — Après le bain ; statue, plâtre.
4435 Rougelet, Mlle E. Mme de Gransagne ; buste, plâtre.
4436 — M. Farcy ; buste bronze.
4437 Rougeron, C. M. Edouard Drucy ; médaillon, bronze.
4438 Roulleau, J.-P. **h.c.** Léda ; groupe, marbre.
4439 — Mme Pierre B ; buste, plâtre.
4440 Roullier, H. Mlle R.; buste, plâtre.
4441 Roullière, M -A. M. M.; buste, plâtre.
4442 Roussel, L. M. B.; médaillon, plâtre.
4443 Roussel, P.-R. Mme J. L.; buste, terre cuite.
4444 — Mme M.; buste, terre cuite.
4445 Rouvre, P. de. Mme Georges Paillot ; médaillon, plâtre.
4446 Roze, A.-A. Mlle Elisabeth F.; médaillon, marbre.
4447 Rozet, R. Premières inspirations ; buste, plâtre et marbre.
4448 — Victor Hugo ; médaillon, marbre.
4449 Rubin, A. M. A. B ; buste, plâtre.

4450 — M. M. T. ; médaillon, plâtre.
4451 Ruckstuhl, F. Mme Henri Orestoltz ; buste, marbre.
4452 Ruffier, L.-L. Le roi Norodom ; buste, plâtre.
4453 Ruggles, Mlle T.-A. Orphée jeune ; statue, plâtre.
4454 — Aux bords de l'Oise ; statue bronze.
4455 Ruille, Comte G. de. « Emballé ! » ; étude de cheval, plâtre.
4456 — M. le général comte de B.; statuette équestre, plâtre.
4457 Rygier. Danseuse ; statue bronze.
4458 Sachot, O. Mme ···.; médaillon, bronze.
4459 Sacre, E.-L. M···.; médaillon, plâtre. (équestre, cire.
4460 Safonoff, S.-M. Alexandre III, empereur de Russie ; statuet.
4461 Saget, A.-C.-J. Deux portraits ; médaillons, bronze.
4462 Saint-Gervais, Mme C. de. Vespera ; statue plâtre.
4463 Saint-Lanne, L. M. B.; médaillon, plâtre. (terre cuite.
4464 Saint-Marceaux, R. de. h.c. « Vakiem » la Javanaise ; buste,
4465 — La dame de pique (d'après une ancienne carte à (jouer) ; statuette, pierre peinte.
4466 Saint-Seine, Vte H. de. M. le vicomte de Borelli ; buste pl.
4467 — Odette ; buste, marbre.
4468 Saint-Vidal, F. de. Alphonse de Neuville ; buste, terre cuite.
4469 Saint-Vidal, F. de. Mme A. de N.; buste, plâtre.
4470 Salambier, R. M. F.; buste, plâtre.
4471 — M···; buste, marbre.
4472 Salières, S. M. Cabannes ; buste, marbre.
4473 Sanson, J.-C. h.c. Mlle E.; buste, marbre.
4474 Sarah-Bernhardt, Mme. Bellone ; buste, marbre.
4475 Sardent, Mlle R. de. Mme M ; buste, marbre.
4476 — Yvonne ; buste, terre cuite.
4477 Saulo, G.-E. Premiers âges ; statue, plâtre.
4478 — M. F.; député ; buste, plâtre.
4479 Saurin, D.-P. M. B.; médaillon, plâtre.
4480 — M. Verdier ; médaillon, plâtre.
4481 Savine, L. La moisson ; statue, plâtre.
4482 — Torquemada ; buste, terre cuite.
4483 Sax, Mlle E. Mme C.; médaillon, plâtre.
4484 Scailliet, E. P.; Deux médaillons, plâtre.
4485 Scheider, M. C.; buste, plâtre.
4486 Schnegg, J.-L.; Sept médaillons, terre cuite et plâtre.
4487 Schrœder, L. h.c. Science et Mystère ; statue, marbre.
4488 Segoffin, V.-J.-A.-J. M. Ch. Ségoffin ; médaillon, plâtre
4489 — Mlle L. G.; buste, plâtre.
4490 Segsses, A. Quatre médaillons ; plâtre.
4491 Senni, A. « Tout n'est pas rose dans la vie » ; buste, terre c.
4492 Sentis, J.-G. Portrait de l'auteur ; buste, plâtre.
4493 Siber, G. Tête de génisse ; médaillon, plâtre.
4494 Siegwart, H. « Mon ami B. »; buste, terre cuite.
4495 Signard, C. Magdeleine ; buste, plâtre.
4496 — Mme L.; médaillon, bronze.
4497 Signoret-Ledieu, Mme L. M. J. B.; buste, terre cuite.
4498 Simmonds, A. Mlle M. M.; buste, plâtre.

4499 Simonnet, G. Mme Sievers ; buste, plâtre.
4500 Simons, H. Deux bas-reliefs ; bronze.
4501 — Mlle Lydie ; médaillon, bronze.
4502 Sochos, L. La Muse de retour sur l'Acropole ; statue, plâtre.
4503 — Zarifi ; buste, marbre.
4504 Solari, P. Mlle Laure Mansion ; médaillon, plâtre.
4505 — M. Plantier; médaillon, plâtre.
4506 Soldi, E. **h.c.** Mme L.; buste, marbre.
4507 Soliva, L. Un coussin ; plâtre.
4508 Sollier, E. L'abnégation; plâtre.
4509 Sons, G. Deux médaillons ; bronze.
4510 Soules, F. **h.c.** « L'ami D. » buste, bronze.
4511 Spagagna, D. Marchand d'eau; statuette, plâtre.
4512 — Mme S.; buste, plâtre.
4513 Sperlacken, E. Mlle M.; buste, plâtre.
4514 Steiner, C.-L. **h.c.** Mlle Gavroche ; buste, bronze.
4515 — M. M. D.; buste, marbre.
4516 Steuer, A.-B. M. G. Mesureur, député ; buste, plâtre.
4517 — Le secret surpris ; groupe, bronze.
4518 Stewardson, E.-A. Baigneuse ; figure, plâtre.
4519 Suchetet, A. **h.c.** Fleurs et papillons ; statue, plâtre.
4520 — M. R.; buste, bronze.
4521 Sul-Abadie, J. **h.c.** M***; buste, bronze.
4522 — M. le docteur Bary ; buste, marbre.
4523 Syamour, Mme M. Mme M. L. Gagneur; buste, marbre.
4524 — Le Vigneron ; fragment d'un monument; statue, pl.
4525 Tabor, C. M. A. C.; buste, plâtre.
4526 — Trois médaillons ; plâtre.
4527 Taluet, F. Mme L.-L.; buste, plâtre.
4528 — M. Chabaud ; buste, plâtre.
4529 Tassel, E.-L.-C. Le passage du ruisseau ; statuette, plâtre.
4530 Techenez, J.-M. Source de la Vanne ; bas-relief, plâtre.
4531 Teixeira-Lopes, A. Veuve ; groupe, plâtre.
4532 — Caïn ; statue, marbre.
4533 Ternois, J. « Mon ami D. »; buste, plâtre.
4534 Testard, Mlle P. M. M. de la P.; médaillon, plâtre.
4535 Thabard, M.-A. **h.c.** Poète et sa Muse ; groupe, plâtre.
4536 Tharel, L. Premier sourire ; groupe, plâtre.
4537 Theneaux, E. Mme V. T. L.; buste, plâtre.
4538 Theunissen, C.-H. M. Edmond Fuchs ; buste, bronze.
4539 Theunissen, C.-H. « Mère Marie-Catherine » ; médaillon, (marbre.
4540 Thircuir, Mme M. Le stigmatisé de l'Alverne ; statue, plâtre.
4541 Thiriot, H. Saint Jean-Baptiste ; buste, plâtre.
4542 Thivier, E. La délaissée ; statue, plâtre.
4543 Tholenaart, T.-L.-C. Hommages au Génie français ; bas- (relief, plâtre.
4544 Thomas, A. « Mon fils »; buste, plâtre.
4545 Thomas, G.-J. **h. c.** M. Emile Feugère des Forts, statuaire; (buste, marbre.
4546 — Crucifix; marbre.
4547 Thomas-Soyer, Mme M. Le guet ; plâtre.

4548 Thomsen, C.-A. M. J. W.; buste, plâtre.
4549 Tilden, D. « Baseball »; statue, bronze.
4550 — Boxeur fatigué; plâtre.
4551 Tonetti, L. Japonais ; buste, terre cuite.
4552 Tonnesen, Mlle A. Vengeance; statue, plâtre.
4553 Tony-Noel, h. c. Querelle d'amour; groupe, plâtre.
4554 — M. Thompson; buste, marbre.
4555 Topffer, C. Réveil ; statue, plâtre.
4556 — Baigneuse; statuette, bronze.
4557 Tourgueneff, P.-N. h. c. En grand'garde; groupe équestre, (plâtre.
4558 — Etalon percheron; statuette, bronze.
4559 Tranchant, Mlle S. Mme R. de M.; buste, plâtre.
4560 Trichard, L.-V. Le R. P. de B., médaillon, plâtre.
4561 Trichard, Papillon et libellule; groupe, ivoire.
4562 Troili, E. Mlle Z., buste, marbre.
4563 — Béatrice; buste, marbre.
4564 Trouttet, Mlle L. Mlle E. Breuiller; médaillon, plâtre.
4565 Tual, E. M. Blondat; médaillon, plâtre.
4566 Turpin, E.-E. M. T.; médaillon, bronze.
4567 Valton, C. h. c. Lion du Soudan; réduction, bronze.
4568 — Vache à l'étable; bronze.
4569 Van-Beurden, A. Bonheur maternel; statue, plâtre.
4570 — A la fontaine; statue, bronze.
4571 Van der Kemp. J,-M. Enfantillage; groupe, plâtre.
4572 Van der Straeten, G. Le Printemps; statue, plâtre.
4573 — Mlle la vicomtesse de B.; buste, marbre.
4574 Van de Vin, J. Premier combat; statuette, plâtre.
4575 Van Grutten. G. M. Fromant; médaillon, plâtre.
4576 Vardon, E.-T. « Argus, » chien de berger; plâtre.
4577 Varenne, H.-F. M. le colonel Blanchot; buste, plâtre.
4578 — M. Roger Delaleu; médaillon, bronze.
4579 Varlin, E. J.; médaillon, bronze.
4580 Varverin, N. Mme A. D.; médaillon, bronze.
4581 Vasselot, A. M. de. Portrait de l'auteur; buste, terre cuite.
4582 Vasseur-Lombard, A. Chloé; médaillon, plâtre.
4583 Vast, J.-A. Mme J.-P.; buste, plâtre.
4584 Vaucanu, E. M. J. Daniel; buste, plâtre.
4585 — Femme normande morte; bas-relief, stéarine.
4586 Vauthier, A.-Th. Madame L. V.; buste, terre cuite.
4587 Veber, L.-G. M. G. V.; buste, plâtre.
4588 Veeck, C. Le Fou qui vend la Sagesse, statuette, bronze.
4589 Verdier, A. Six médaillons, plâtre.
4590 Veriane, Mlle R. Gabriel; buste, plâtre.
4591 Verlet, R. C. h. c. Mme ···; buste, marbre.
4592 — Mme de R.; médaillon, plâtre.
4593 Vermillet, A. La race française au Canada : le général Lépine; (buste, terre cuite.
4594 Vernhes, H.-E. M. T. de B.; buste, bronze.
4595 Very, A. M. E. Cristin; buste, terre cuite.
4596 Vibert, A. L'Angelus; statuette, bronze.
4597 Vidal, H. Le Paysan du Danube; statue, plâtre.

4598 Vigie, C.-J. Mon père; médaillon, bronze.
4599 — Le petit Henri; médaillon, plâtre.
4600 Villanis, E. L'Esclave; statue, plâtre.
4601 Villeneuve, J.-L.-R.-P. Mlle Anne V.; buste plâtre.
4602 Vincent, P. Aux champs ; buste, plâtre.
4603 Viot, Mlle M. Médaillon; plâtre.
4604 Virion, C.-L.-E. La chasse de l'aigle; haut relief, plâtre.
4605 Vital-Cornu, Mme C.; médaillon, plâtre.
4606 Vogt, A. Mlle Aimée; médaillon, plâtre.
4607 Voisin-Delacroix, A. M. Victor Considérant; buste, bronze.
4608 Voyez, E. M. G. Rémy ; buste plâtre.
4609 Waldmann, O. Danseuse; statuette, plâtre.
4610 — Médaillon, marbre.
4611 Walle, Mlle M. Mlle Marcelle W. médaillon plâtre.
4612 Wallet, G. Départ pour le combat de coqs; statue, plâtre.
4613 Wegl Mme A. « Lela », gitanes; buste, bronze.
4614 — Danseuses javanaise; statuette, plâtre.
4615 Weigele, H. Songe Rose; buste, marbre.
4616 Weisse, H. M. D.; buste, terre cuite.
4617 — Jeune fille; buste, plâtre.
4618 Wendling, H.-F. M. M. W.; buste, plâtre.
4619 Werbitzky, V. Trois médaillons; plâtre.
4620 Weyl, Mme J. Lucrezia Ruti; buste, marbre.
4621 Wipff, J. Mlle Jaujou; buste, marbre.
4622 Wislocka, Mlle A. Mme Jeanne Jeannet; buste, plâtre.
4623 Wuertz, E. Le murmure de la mer; statue, plâtre.
4624 Ykof, Mlle M. L'enfant à la lyre ; statuette, plâtre.
4625 Yovanovitch, G. M. Y., buste, plâtre.
4626 Zawiski, J. M. L.; médaillon, plâtre.
4627 Zickerman, T. M. N. F.; buste, plâtre.
4628 Zurcher, C. Deux médaillons; bronze et acier.

Imp. BOURDARIE, 27, faub. Montmartre, Paris.

www.ingramcontent.com/pod-product-compliance
Lightning Source LLC
LaVergne TN
LVHW020040170826
845678LV00001B/357

* 9 7 8 2 3 2 9 6 9 0 8 7 2 *